Die Reise zur inneren Ruhe

Das Praxisbuch

Wie Sie mit effektiver Selbstregulation Gelassenheit lernen, Stress reduzieren und positives Denken etablieren

Alexander Pipetz

INHALT

Innere Ruhe & Balance

Selbstregulation ist abhängig von der Erziehung, dem persönlichen Werdegang, den gesellschaftlichen Erwartungen und dem sozialen Umfeld. Diese Bereiche haben einen großen Einfluss auf die Entwicklung des Menschen, das eigene Verhalten zu regulieren und Impulse kontrollieren zu können. Treten Defizite in der Selbstregulation auf, sind diese oft auf einschneidende Erfahrungen in der Kindheit zurückzuführen oder werden durch vermehrte Krisen verstärkt.

Du hältst dieses Buch höchstwahrscheinlich in den Händen, weil du dich näher mit deiner Selbstregulation beschäftigen möchtest und nach einer Verbesserung strebst. Deine Einsicht ist der erste Schritt in die richtige Richtung, danach kommt die Phase des Umbruchs und du wirst neue Facetten an dir entdecken, die dich zum Nachdenken anregen, aber auch faszinieren werden. Du lernst die Ursachen, die zu deiner niedrigen Selbstregulation geführt haben, kennen und bekommst auch Eindrücke vermittelt, wie du an dir selbst arbeiten kannst. Ich möchte dich motivieren, deine Komfortzone zu verlassen und deine Probleme eigenständig zu lösen.

In diesem Buch biete ich dir viele Denkanstöße, um selbst aktiv zu werden und kreative Methoden zu entwickeln, um dein Ziel zu erreichen. Mithilfe vieler Hintergrundinformationen, zahlreichen Übungen und hilfreichen Ratschlägen möchte ich dich dabei unterstützen, deine Selbstregulation wiederaufzubauen und dein Verhalten zum Positiven zu verändern.

Am Ende des Buches befindet sich noch ein Bonuskapitel, welches dir für einen ganzen Monat praxisbezogene Hilfestellungen gibt.

Das Selbstregulationsjournal ist eine Anleitung, um innerhalb eines Monats mehr Selbstliebe, Achtsamkeit und Gelassenheit in deinen Alltag hineinzubringen. Abschließend wünsche ich dir viel Vergnügen beim Lesen und hoffe, dass dir die Tipps in diesem Buch helfen, der Mensch zu werden, der du zu sein wünschst.

Selbstkontrolle vs. Selbstregulation

Nicht jedem ist bekannt, dass Selbstregulation und Selbstkontrolle zwei unterschiedliche Prozesse im Gehirn bezeichnen. Häufig wird die Selbstkontrolle mit der Selbstregulation gleichgesetzt und zum Teil sogar als Synonym verwendet. Das stimmt so allerdings nicht, denn dabei handelt es sich um **zwei grundverschiedene Abläufe**, die mit der eigenen Willenskraft zu tun haben. In der Motivationspsychologie ist die Wissenschaft der Willenskraft, die sogenannte Volition, ein fester Bestandteil, um die Entwicklungen des eigenen Willens zu erforschen. Dabei spielen Selbstregulation und Selbstkontrolle eine tragende Rolle. Das Ziel der Volition besteht darin, herauszufinden, weshalb Menschen unterschiedliche Umsetzungskompetenzen besitzen und warum genau sich deren Willenskraft stark von anderen unterscheidet. Hierzu beobachtet man die Verhaltensweisen, durch die sich Selbstkontrolle und Selbstregulation aufzeigen können.

Unter **Selbstkontrolle** versteht man die **allgemeine Willenskraft**, die man aufbringen muss, um eine Aktion auszuführen. Hierbei geht es jedoch darum, etwas zu tun, was erledigt werden muss. Als Beispiel kannst du dir deinen Arbeitsplatz vorstellen. Du verrichtest deine Arbeit weniger aus Spaß oder Zeitvertreib, sondern weil du damit Geld verdienst und dir so deinen Lebensunterhalt sicherst. Die Arbeit ist also eine Notwendigkeit, um deine finanziellen Mittel zu gewährleisten. Hierbei musst du dich selbst immer wieder neu motivieren und dafür sorgen, dass du motiviert bleibst. Ablenkungen versuchst du zu vermeiden, obwohl du jetzt viel lieber mit etwas anderem beschäftigt wärst. Du kontrollierst dich also selbst und steuerst deine Aktivitäten, damit du zu einem guten Ergebnis kommst und deine Arbeit vollenden kannst. Das heißt, du wirst durch den externen Faktor Entlohnung angetrieben, musst aber dafür Sorge tragen, dass du auch wirklich bei der Sache bleibst. Deshalb ist der Energieaufwand, den du für deine Selbstkontrolle aufbringst, sehr hoch und er kann dich dabei schnell an deine persönlichen Grenzen bringen.

Der Grund liegt darin, dass du dich dazu überwinden musst, jegliche Ablenkungen auszublenden. Die Anstrengung, dich nur auf diese eine bestimmte Aufgabe zu konzentrieren, wird erst durch ein hohes Maß an Selbstbeherrschung möglich. Gäbe es hierbei keinen besonderen Anreiz, wie beispielsweise das Geldverdienen bei der Arbeit, würdest du sehr wahrscheinlich weniger produktiv sein. Diese Form der Motivation bezeichnet man auch als extrinsische Motivation, weil diese nur durch äußere Reize verstärkt und am Laufen gehalten wird.

Bei der Selbstregulation jedoch kommt eher die **intrinsische Motivation** zum Tragen. Das bedeutet, du tust etwas, weil es dein eigener Wille ist. Du bist motiviert und voller Tatendrang, weil du beispielsweise gute Erfahrungen machen möchtest, und kannst dein Verhalten eigenständig in die richtigen Bahnen lenken. Im Grunde tritt die Selbstregulation aus freien Stücken auf und du selbst musst dich für diese Art der Willenskraft kaum anstrengen, insofern diese genügend bei dir vorhanden ist. Du regulierst also dein Verhalten selbstständig und irgendwann geschieht dieser Vorgang auch automatisch, sodass deine Selbstregulation in Gewohnheit übergeht. Eine gesunde Selbstregulation zeichnet sich dadurch aus, die Balance zwischen dem Wahrnehmen der eigenen Bedürfnisse und der Kontrolle eigener Handlungen zu finden. Sie ist also die Fähigkeit, die eigenen Gefühle und Handlungen so zu steuern, dass diese nicht die Überhand gewinnen. Du wartest dabei geduldig auf das perfekte Ergebnis, anstatt dich deinen Impulsen hinzugeben. Das bedeutet also, dass du dich mit einer gesunden Selbstregulation gut anpassen kannst, auch wenn es zu Ausnahmesituationen kommt.

Fassen wir also noch einmal zusammen, welche Unterschiede es zwischen Selbstregulation und Selbstkontrolle gibt:

Selbstregulation

- Handlungen werden auf freiwilliger Basis ausgeführt.

- Die Motivation kommt intern zustande und wird nicht durch externe Faktoren hervorgerufen.

- Das eigene Verhalten kann ohne besondere Anstrengungen von allein reguliert werden.

- Das Bewusstsein über die eigenen Fähigkeiten und Handlungen und den damit einhergehenden Folgen ist besonders intensiv ausgeprägt.

Selbstkontrolle

- Aktivitäten entstehen hier durch einen äußeren Anreiz und werden nicht durch die eigene Willenskraft in Gang gesetzt.

- Eine extrinsische Motivation sorgt dafür, dass ein Grund oder eine Belohnung vorliegt, für die es sich überhaupt lohnt, einer Tätigkeit nachzugehen.

- Selbstkontrolle erfordert sehr viel Disziplin, Ausdauer und Durchhaltevermögen. Hierdurch ist sie mit einer hohen Anstrengung verbunden und es kann schnell zu Störfaktoren kommen, die das Erreichen des Ziels behindern können.

Die Wurzeln liegen in der Kindheit

Bestimmt kannst du dich noch an deine Kindheit erinnern und hast noch den einen oder anderen Satz deiner Eltern im Kopf. „Iss nicht so viel Süßes!", „Du darfst nur eine Stunde fernsehen, sonst bekommst du quadratische Augen" oder „Es ist dunkel draußen und deshalb musst du zeitig ins Bett", sind nur einige typische Elternsätze, um an die Vernunft des eigenen Kindes zu appellieren, welches natürlich die erwachsenen Denkweisen schwer nachvollziehen kann. Du konntest sicherlich als Kind auch nicht immer verstehen, warum du bestimmte Handlungen ausführen oder vermeiden solltest, denn dazu fehlte dir schlicht und ergreifend das Verständnis. Warum auch sollte es verwerflich sein, die ganze Tafel Schokolade aufzuessen oder sogar noch eine zweite? Immerhin schmeckte sie so gut, dass es für dich keinen Sinn machte, darauf zu verzichten oder sich die Tafel für später einzuteilen. Allein das Hier und Jetzt zählte und du wolltest den leckeren Geschmack der Schokolade am besten sofort erleben. Der logische Gedanke, dass sich der hohe Zuckerkonsum auf den Körper negativ auswirken kann, war für dich einfach noch nicht greifbar und noch dazu bis zu einem gewissen Alter nicht sonderlich entwickelt.

Das bedeutet, dass es dir in frühen Jahren noch gar nicht möglich war, ohne fremde Hilfe dein Verhalten selbst zu regulieren. Und hier sind die Eltern ein wichtiger Faktor, damit das ganze Spiel mit der Selbstregulation überhaupt funktionieren kann. Lernen wir in der Kindheit keinen sinnvollen Umgang mit unseren Bedürfnissen und dem daraus resultierenden Verhalten, werden wir später im Leben Probleme haben, Selbstregulation anzuwenden. Dieser Umstand kann äußerst problematisch werden, wenn wir unsere Emotionen nicht von selbst in den Griff bekommen oder unsere Impulse nicht zügeln lernen. Maßlosigkeit, Impulsivität und unberechenbare Handlungen können schlimmstenfalls das eigene Leben erschweren. Doch schauen wir uns mal genauer an, wie die Kindheit die Selbstregulation beeinflusst und sogar den wichtigsten Grundstein für diese legt.

WIE SELBSTREGULATION ANGELEGT WIRD

Eine starke Bindung zu den Eltern ist für Kinder sehr wichtig, wenn es um das Erlernen der selbstregulierenden Fähigkeiten geht. Kinder wissen nicht von Anfang an, wie sie mit ihren plötzlichen Emotionen und Impulsen umzugehen haben, denn hierzu fehlt ihnen noch die ausreichende Reife, welche das Gehirn erst ab einem gewissen Alter erreicht. Es ist daher falsch anzunehmen, dass kleine Kinder sich nicht regulieren wollen, denn sie können es einfach nicht. Erfahren Kinder in den ersten drei Lebensjahren keine ausreichende Co-Regulation, werden sie auch in den folgenden Jahren Schwierigkeiten haben, ihre Handlungen zu kontrollieren, und daher unbeherrscht reagieren.

Die Co-Regulation findet über die Eltern statt und diese leiten ihr Kind an, wie es seinen Bedürfnissen die korrekte Aufmerksamkeit schenkt. Sie agieren als eine Art Leitbild und tragen dazu bei, dass sich das Kind an ihrem Verhalten ein Beispiel nimmt. Ist die Co-Regulation nicht erfolgreich oder bleibt sie sogar ganz aus, weil die Eltern das Kind herabsetzen, nicht trösten oder unterstützen, wird dieses in seinem späteren Leben immer auf Widerstand stoßen oder kaum dazu in der Lage sein, sich selbst zu regulieren. Übersprungshandlungen, Aggressivität und Impulsivität sind die Folgen und können dann sehr schwer behoben werden. Viele Eltern realisieren gar nicht, wie abhängig ihre Kinder von ihnen sind, und stellen unbewusst zu hohe Anforderungen an ihre Kinder. Es geschieht häufig, dass kleinen Kindern viel zu viel abverlangt wird, obwohl deren Gehirnprozesse noch überhaupt nicht ausgereift sind. Sie haben das Verständnis nicht und müssen viele Dinge immer wieder üben und ausprobieren, bis sie Erfolg haben. Die Eltern müssen zusätzlich sicherstellen, dass sie in der Erziehung auf eine gesunde Bindung achten, denn diese stärkt das Kind und hilft ihm, ans Ziel zu gelangen. Dabei müssen wir bis zur Geburt zurückgehen, um zu verstehen, warum diese Bindung so große Auswirkungen auf den späteren

Verlauf der Selbstregulation hat. Stell dir vor, dein Baby macht sich lautstark bemerkbar. Es schreit und weint bitterlich, weil es seine Bedürfnisse befriedigt haben möchte. Irgendetwas behagt ihm nicht und es ruft nach dir. Was tust du nun? Du versuchst natürlich sofort, dein Baby zu beruhigen, indem du es in deinen Armen hin und her wiegst und nach der Ursache für seinen Unmut suchst. Du verlierst keine Zeit und widmest dich direkt deinem Kind. Alles andere ist zweitrangig und kann warten, dann probierst du wahrscheinlich mehrere Optionen durch, ob es hungrig ist, die Windel voll hat oder einfach nur deine Nähe spüren möchte. Wenn du dann herausgefunden hast, was sein Problem ist, kannst du dieses lösen, und es hat verstanden, dass dort jemand ist, der sich seiner annimmt. Indem du deinem Kind dabei hilfst, sich selbst zu regulieren, und unmittelbar seinen Bedürfnissen nachgehst, betreibst du eine gesunde Co-Regulation. Es ist nicht imstande, sich selbst zu versorgen oder sich von allein wieder zu beruhigen, denn es kann nicht warten und braucht deine akute Unterstützung. Es braucht deine Hilfe, um sich wohlzufühlen und die Welt zu verstehen. Bis zu einem Alter von drei Jahren wird dies auch noch weiterhin der Fall sein. Gibst du deinem Kind aber weiterhin die Sicherheit und Geborgenheit und zeigst ihm Hilfestellungen bei der Selbstregulation, wird es diese immer wieder anwenden können. Es lernt, sein Verhalten zu kontrollieren, und das aus freien Stücken heraus, ohne dass du noch großartig eingreifen musst. Zudem weiß es, dass du hinter ihm stehst und es nicht herabsetzt, weil es mal einen Fehler begangen hat. Dein Kind fühlt sich auf Augenhöhe mit dir und kann dir vollkommen vertrauen. Das ist der Idealfall, wenn wir aber noch einmal zurückdenken und anders an diese Situationen herangehen, wirst du sehen, was eine unsichere Bindung bei einem Kind auslösen kann. In Bezug auf die Selbstregulation passiert hier nämlich einiges und dies lässt sich im Nachhinein schwer wieder korrigieren.

Wenn dein Baby also schreit und du lässt es warten, weil du denkst, dass es lernen muss, sich selbst zu beruhigen, wird eigentlich nur eines ganz sicher geschehen: Es wird in seinem Urvertrauen gestört, weil du als Elternteil nicht da bist und dich nicht um seine Bedürfnisse kümmerst. Hierdurch wird es sich in sein Schreien hineinsteigern und bloß vor lauter Erschöpfung aufgeben, aber auf keinen Fall einen Weg finden, seine Emotionen zu regulieren. Es benötigt die Co-Regulation, die leider nicht vorhanden ist. So ist das Kind schon im Säuglingsalter auf sich alleine gestellt und wird, wenn sich dieses Verhalten der Eltern durch die gesamte Kindheit hindurchzieht, zwar selbstständig, aber nur so weit, bis es zu einem Konflikt kommt. Genau dann bekommt es Schwierigkeiten, seine Gefühle und Handlungen zu kontrollieren bzw. zu regulieren. Dabei entwickelt es eine distanzierte Haltung zu anderen Mitmenschen, weil es davon ausgeht, dass ihm sowieso kaum jemand Hilfe anbietet. Zusätzlich wird die Fähigkeit verlernt, um Hilfe zu bitten und diese anzunehmen. Dies kann im späteren Leben für das Kind insofern problematisch werden, als dass neben der schlecht ausgeprägten Selbstregulation auch noch wenige soziale Kompetenzen vorhanden sind.

Ein weiteres Problem können dann dysfunktionale Verhaltensweisen sein. Dysfunktional in diesem Kontext meint nichts anderes als ein Verhalten, welches sich selbst sabotiert, beispielsweise wenn das Kind von den Eltern immer wieder eingeredet bekommt, dass es nichts zustande bringt und davon sogar selbst überzeugt ist. Dadurch kann sich die Frustrationstoleranz beim Kind stark herabsetzen, weil es bei jeder Handlung schon eine Niederlage vermutet, und wenn diese dann tatsächlich eintrifft, wird die Angst vor dem Scheitern immer größer. Schließlich haben sich seine Befürchtungen bestätigt und die negativen Affirmationen der Eltern werden so noch untermauert. Es führt zudem unbewusst sein Scheitern herbei, da es auf Vermeidungsverhalten zurückgreift oder sich keine nennenswerte Mühe gibt, eben weil es sich daran gewöhnt hat, der Sündenbock zu sein.

Wie du siehst, ist die Bindung zu den Eltern ein wichtiger Faktor, um den Lernprozess der Selbstregulation erfolgreich abzuschließen. Haben es Kinder überwiegend mit unsicheren Beziehungen innerhalb der Familie zu tun, werden diese als Erwachsene das vorgelebte Verhalten wiederholen. Ein Elternteil, der aggressiv und unberechenbar mit Konfliktsituationen umgeht, signalisiert dem Kind, dass es ebenfalls so zu reagieren hat, obwohl etwas anderes von ihm erwartet wird. Deshalb spielen das Verhalten und die Selbstregulation der Eltern eine große Rolle. Eine Mutter, die ihr Kind nur anschreit, kann von ihrem Kind nicht erwarten, dass es besonnen reagiert und Lösungsansätze findet. Ein Vater, der sein Kind ständig darauf hinweist, dass es nicht klug genug ist, darf nicht erwarten, dass es die besten Noten mit nach Hause bringt. Gehen beide Elternteile auf positive Weise mit ihrem Kind um und bestärken es in seiner Persönlichkeit, seinen Ansichten und seinen Handlungen, unterstützen sie die Entwicklungsprozesse im Gehirn dauerhaft. Das Verhalten der Eltern spiegelt sich nämlich in den Kindern wider und ist der Motor für eine gelungene Selbstregulation und auch Selbstbeherrschung.

Der Selbstcheck

ANZEICHEN FÜR MANGELNDE SELBSTREGULATION

Die eigene Balance zu finden ist nicht immer ganz leicht und kann einen schnell überfordern. Woher weiß man, ob man ein gesundes Verhalten an den Tag legt, und was sind die Anzeichen für mangelnde Selbstregulation? Du fragst dich sicherlich, ob deine Fähigkeiten zur Regulation ausreichen oder ob es diesbezüglich noch Nachholbedarf gibt? Dazu musst du wissen, woran man eine unzureichende Selbstregulation erkennt, und du solltest ganz genau in dich hineinhorchen und dein eigenes Verhalten analysieren: Welche Punkte treffen auf dich zu und was ist dir bis jetzt nicht aufgefallen? Ich empfehle dir, auch eine andere Meinung einzuholen. Vielleicht gibt es jemanden in deinem Freundeskreis oder in deiner Familie, der dir eine ehrliche und sachbezogene Einschätzung geben kann. Oft nimmt man seine Emotionen und die daraus resultierenden Handlungen ganz anders wahr als das eigene Umfeld.

Es erscheint normal, ein gewisses Verhaltensmuster an den Tag zu legen, weil man es in der Vergangenheit so erlernt hat. Du solltest dich aber auf keinen Fall verurteilen oder gar diffamieren, wenn du einige Anzeichen, wie zum Beispiel starke Gefühlsausbrüche oder psychische Belastungen, bei dir feststellst. Es gibt immer die Möglichkeit, an sich zu arbeiten und das Beste aus sich herauszuholen. Immerhin weißt du ja, dass deine Selbstregulation durch bestimmte Einflüsse in deinem Leben geprägt wurde und nicht ein Ergebnis deines jetzigen Willens ist. Schauen wir uns die typischen Anzeichen für mangelnde Selbstregulation deshalb einmal genauer an.

UNTERDRÜCKUNG DER EMOTIONEN UND GEFÜHLSTAUBHEIT

Um keine Gefühle zuzulassen, stürzen sich manche Menschen in Arbeit oder versuchen, sich durch vielerlei Aktivitäten abzulenken. Dabei haben diese Aktivitäten oft gar keinen besonderen Mehrwert und dienen nur dazu, das Gehirn auszutricksen, welches sich in Ruhephasen schnell wieder den ungeliebten Gedanken hingibt. In diesem Zustand wird dann jeden Tag penibel die Wohnung gesäubert, obwohl gar keinen Schmutz mehr zu finden ist. Manche Menschen flüchten sich in die Dauerberieselung durch Social Media oder entwickeln sogar Handlungen, die gar keinen Sinn ergeben, wie etwa, Dinge zum hundertsten Mal zu sortieren. Die Gefühle zu umgehen ist so natürlich einfach und erfolgreich, allerdings holen diese einen wieder ein, sobald keine Aktionen mehr stattfinden und das Gehirn zur Ruhe kommt. Irgendwann stauen sich diese unterdrückten Emotionen an und es entsteht eine massive Belastung, die der Körper wieder loswerden möchte. Impulsives Handeln oder unkontrollierte Gefühlsausbrüche sind meist die Folge. Die Selbstregulation tritt dann komplett in den Hintergrund und Betroffene brauchen oft Hilfe, die Flut an Emotionen zu verarbeiten. Man kann sich das ganze Prinzip wie ein riesiges Fass vorstellen, in welches Wasser hineintropft: Jeder Tropfen steht für eine Emotion, die zurückgehalten wird. Wird das Fass jedoch zu voll, bricht es auseinander und kann den Wassermassen nicht mehr standhalten. Die Emotionen treffen einen mit voller Wucht und diese treten dann auch noch gleichzeitig auf, sodass man einfach nur noch überfordert ist. Folglich entsteht ein Zustand, der für Betroffene schwer zu beschreiben ist.

- Sie fühlen sich hilflos und erschöpft, denn Gefühle zu unterdrücken ist kräftezehrend und es bedarf eines enormen Aufwands, diese wieder aufzuarbeiten.

- Viele Betroffene gehen Konflikten aus dem Weg, nur um nicht mit ihren eigenen Gefühlen konfrontiert zu werden.

- Der Rückzug aus dem sozialen Umfeld macht es einfacher, den eigenen Gefühlen aus dem Weg zu gehen und eine Art Schutzmauer aufzubauen.

- Ständige Unruhe und innere Anspannung sind Wegbegleiter und lassen sich kaum bekämpfen.

- Die Anspannung kann sich auch in den Extremitäten zeigen und für Verspannungen am ganzen Körper sorgen.

SUCHTVERHALTEN UND ERSATZBEFRIEDIGUNGEN

Egal, ob Drogenkonsum, Zwangshandlungen oder Frustessen – alle Handlungen haben gemeinsam, dass sich der betroffene Mensch im Moment nicht wohlfühlt und vor seinen Gefühlen flüchten möchte. Vielleicht hat er sogar etwas Traumatisches erlebt und versucht, sich durch Ersatzbefriedigungen von seinem wahren Befinden abzulenken. Die Hemmschwelle bei Menschen mit geringer Selbstregulation ist oft sehr niedrig, wenn es um Süchte geht. Sie sind gefährdeter für Verführungen und Ideen, die ihnen Trost und Ablenkung versprechen. Die Sucht wird dann als perfekte Ausrede genutzt, sich nicht mit seinem Gefühlsleben auseinandersetzen zu müssen, weil man ja anderweitig Probleme hat. Hierbei haben Betroffene zusätzlich Schwierigkeiten mit der Selbstkontrolle und lassen sich nur ungern auf eine Entwöhnung ihrer Süchte ein. Sie wissen, wie schädlich die Substanzen oder die Aktionen für sie sind, aber sie kommen einfach nicht selbstständig davon los. Immerhin bringen sie diese Süchte auf andere Gedanken und verhindern, dass sie mit ihrem inneren Ich konfrontiert werden, warum also sollten sie diese dann aufgeben?

Problematisch wird es, weil diese Süchte die Selbstregulation noch weiter herabsetzen. Dies tritt besonders dann zum Vorschein, wenn sie ihren gewohnten Aktivitäten aus bestimmten Gründen nicht mehr nachgehen können, etwa, weil sie von Außenstehenden aktiv davon abgehalten werden. Wenn es sich um Substanzen handelt, welche dem Körper zugeführt werden, etwa Drogen und Alkohol, kann sich der Gemützustand schlagartig verändern. Wird den Betroffenen der Zugang zu diesen Substanzen oder ihren Ersatzbefriedigungen verwehrt, kann die Stimmung kippen und sogar eskalieren. Es entladen sich die Emotionen wie ein Feuerwerk und es besteht kaum eine Möglichkeit, Selbstregulation anzuwenden, weil das Gehirn sich in einem Ausnahmezustand befindet. Dies nennt man umgangssprachlich den kalten Entzug, weil die Betroffenen plötzlich aus ihrer Routine gerissen werden und der Körper mit unterschiedlichen Symptomen darauf reagiert. Diese reichen von Zitteranfällen über Übelkeit bis hin zu Schweißausbrüchen oder teils noch schwerwiegenderen Symptomen. Um hier die Selbstregulation in den Griff zu bekommen, müssen sich Betroffene zunächst einmal um ihre Süchte kümmern und diese bekämpfen. Ein Wiedererlernen der Selbstregulation ist erst dann erfolgreich möglich.

WUTAUSBRÜCHE

Starke Emotionen, Überreizung und eine niedrige Frustrationstoleranz sorgen bei Menschen mit niedriger Selbstregulation regelmäßig für unkontrollierte Wutausbrüche. Für sie bedeutet es eine große Überwindung und Anstrengung, die eigenen Gefühle zu regulieren und dafür zu sorgen, dass der Körper sich wieder in den Normalzustand versetzen kann. Häufig steigern sie sich so in ihre Wut hinein, dass es kaum möglich ist, an sie heranzukommen. Hier ist sehr viel Empathie und Einfühlungsvermögen von außen gefragt, damit sich die betroffene Person durch Co-Regulation wieder beruhigt.

Schlimmstenfalls können diese Wutausbrüche sogar zur Gefahr für Außenstehende und auch für den Betroffenen selbst werden. Nicht selten kann die Situation eskalieren und Übersprungshandlungen entstehen, die sich durch Gewalt, Autoaggression oder anderweitige tätliche Angriffe äußern können. Auslöser für die emotionalen Ausbrüche gibt es viele und besonders, wenn Emotionen über einen längeren Zeitraum unterdrückt werden, ist es nur eine Frage der Zeit, bis sich die Energie entladen möchte. Es genügt dabei ein einziger Trigger – eine Situation oder Erinnerung –, die beim Betroffenen negative Emotionen hervorruft, um vollkommen die Fassung zu verlieren.

Für Außenstehende sind diese Wutausbrüche nicht immer vollkommen nachvollziehbar, da oft viel mehr dahintersteckt als bloß ein falsches Wort oder ein Konflikt. Es ist eher eine Ansammlung vieler Umstände, die dazu führen, dass der Betroffene cholerisch wird und keinen anderen Ausweg kennt, als zu schreien oder destruktives Verhalten zu zeigen. Man bedenke hier wieder die Kindheit, in der es vielleicht sogar cholerische Vorbilder in der Erziehung gab. Im Grunde ist dem Betroffenen bewusst, dass sein Verhalten nicht zielführend ist, und oft verabscheut er es selbst, sich so zu verlieren. Er kann allerdings nicht anders, weil sein limbisches System im Gehirn stark überreizt ist und so die Vernunft ausgeschaltet wird. Hierdurch entstehen auch sogenannte Blackouts, bei denen das Erinnerungsvermögen aussetzt und der Betroffene seine Handlungen oder das, was er gesagt hat, nach dem Ausbruch nicht mehr weiß.

PSYCHISCHE STÖRUNGEN UND BELASTUNGEN

Depressionen, Angststörungen, Zwangsstörungen oder ein gestörtes Essverhalten sind eine kleine Aufzählung an möglichen psychischen Belastungen, die Menschen mit niedriger Selbstregulation durchmachen können. Hinzu kommen noch körperliche Begleiterscheinungen, die durch andauernden Stress entstehen. Jedoch ist nicht die mangelnde Fähigkeit zur Selbstregulation der Auslöser für diese Erkrankungen. Vielmehr können psychische Erkrankungen und Belastungen starke Auswirkungen auf die eigene Selbstregulation haben und diese negativ beeinflussen.

Ein Mensch, der vorher gesund und mit sich selbst im Reinen war, kann durch ein traumatisches Erlebnis wie ausgewechselt erscheinen. Situationen, die ihn vorher nie gereizt haben, stellen ihn nun vor ungeahnte Herausforderungen, weil er zum Beispiel an Depressionen erkrankt ist oder an einer Verhaltensstörung leidet. Es kann jeden treffen und es ist kein Grund, sich zu schämen. Krisen können Menschen nachhaltig verändern und deren Verhalten bestimmen. Entstehen daraus psychische Erkrankungen, wird der Alltag erschwert, und sich anzupassen erscheint unmöglich. Betroffene leiden unter ihren Verhaltensdefiziten und benötigen meist Unterstützung, damit sie wieder gesund werden. Um dann wieder eine gesunde Selbstregulation zu erlernen, braucht es sehr viel Durchhaltevermögen, Willenskraft und Motivation.

Aber nicht nur Erkrankungen der Psyche können einem Menschen sehr viel abverlangen und ihn vom Weg abkommen lassen. Außergewöhnliche Ereignisse im Leben können die Balance stören und zu Verhaltensänderungen führen. Der Tod eines geliebten Menschen, ein Unfall, Erkrankungen des Körpers, Schwangerschaften, Trennungen, Existenzprobleme und anderweitige Einschnitte im Leben können Einfluss auf die Selbstregulation nehmen und ein Ungleichgewicht auslösen. Dieser Zustand kann von kurzer Dauer sein und sich wieder bessern oder eben auf die Psyche schlagen, wobei hier dann langanhaltende psychische Erkrankungen die Folge sein können.

SELBSTCHECK: WIE STEHT ES UM MEINE SELBSTREGULATION?

Hast du dich in einigen Beschreibungen wiedererkannt und möchtest nun genau wissen, wie es um deine Selbstregulation steht? Das ist gut, denn es ist vernünftig und erwachsen, sich selbst zu hinterfragen und an sich zu arbeiten. Wenn du lernst, deine Empfindungen in Worte zu fassen, kannst du in bestimmten Situationen ganz anders agieren.

Ich habe für dich einen Fragenkatalog zusammengestellt, anhand dessen du dein Verhalten sehr gut einschätzen kannst. Wichtig ist, dass du dabei ehrlich zu dir selbst bist und dich bei der Selbstreflexion genaustens analysierst. Es ist auch kein üblicher Ja-und-Nein-Fragebogen, der dich in eine Schublade steckt. Nein, es ist ein Fragebogen, der dich dabei unterstützt, genaustens zu verstehen, wie dein Verhalten durch bestimmte Reize beeinflusst wird. Nimm dir also einen Stift und ein Blatt Papier, auf dem du deine Notizen festhältst, und beginne dann mit den Fragen, die du so ausführlich wie möglich beantwortest.

Erstelle am Ende ein Fazit und notiere dir alle wichtigen Fakten als eine Art Spickzettel. Besagten Spickzettel kannst du dann sichtbar in deiner Wohnung aufhängen oder immer bei dir tragen, sozusagen als kleine Erinnerung, wie dein derzeitiger Stand ist. Mit diesem Wissen kannst du dann hier anknüpfen und versuchen, deine Selbstregulation zu verbessern. Gehe diese Fragen nach einer gewissen Zeit ein weiteres Mal durch und vergleiche, ob sich etwas an deinem Verhalten zum Positiven verändert hat. Solltest du einmal nur noch positive Punkte darauf sehen, bist du auf einem guten Weg. Du solltest in regelmäßigen Abständen ein Update durchführen und deine Selbstregulation durchleuchten.

Welche Gefühle verspürst du, wenn dich jemand ungerecht behandelt oder gar kritisiert?

Wirst du sofort zornig oder kannst du in diesen Situationen einen kühlen Kopf bewahren? Überlege auch, ob deine Gefühle sehr schnell umschlagen oder sich kaum verändern.

Wie verhältst du dich, wenn du mit jemandem ein Problem klären musst?

Gehst du hierbei Kompromisse ein oder verfolgst du strikt einen Weg, von dem du dich nicht abbringen lässt? Bist du schon vor dem Gespräch ein Nervenbündel und machst dich selbst nervös?

Welche Gedanken beschäftigen dich tagsüber?

Notiere hier alle Probleme, Wünsche und Sehnsüchte, die dir am Tag durch den Kopf gehen. Vielleicht hast du auch Gedanken, die du verdrängen willst und am liebsten komplett „löschen" möchtest?

Welche Gedanken beschäftigen dich beim Zubettgehen?

Neigst du oft zu Grübeleien und kannst deswegen nicht schlafen? Welche Gedanken spielen sich nur abends ab und lassen dich nicht mehr los? Achte auch darauf, welche Gedanken immer wiederkehren – es mag sein, dass dich unerledigte Dinge oder unbefriedigte Bedürfnisse vom Schlafen abhalten.

Wie gehst du damit um, wenn dich jemand um einen Gefallen bittet?

Kannst du gut Nein sagen oder bist du immerzu bemüht, es allen recht zu machen? „Springst" du sofort, wenn dich jemand um Hilfe bittet, und bekommst du danach auch genauso viel zurück, wie du gibst?

Welches Verhalten legst du an den Tag, wenn jemand deine persönlichen Grenzen übertritt?

Kannst du sachlich kommunizieren und deinem Gegenüber klarmachen, dass er zu weit gegangen ist, oder fährst du sofort aus der Haut? Ziehst du dich dann zurück und brichst sogar Kontakte ab oder versuchst du, den Konflikt diplomatisch zu lösen?

Wie sieht es mit deiner Selbstbeherrschung bei großen Versuchungen aus?

Schreibe auf, ob es dir leicht fällt, Versuchungen zu widerstehen, oder ob du immer wieder schwach wirst. Was ist der Grund für deine Schwachstellen und was kannst du tun, damit du dich besser beherrschen kannst?

Wann kannst du dich nicht konzentrieren und welche Gründe liegen hier vor?

Gibt es bestimmte Situationen oder Ereignisse, die dich schnell ablenken und dich von deinem Ziel abbringen? Welche Faktoren stören deine Konzentration und wie kannst du diese vermeiden?

Wie sieht es mit deiner Motivation im Allgemeinen aus?
Gibt es Situationen, in denen du diese schnell verlierst?

Hast du Probleme, dich aufzuraffen und Dinge zu Ende zu bringen? Überlege genau, was dich davon abhält und weshalb du manchmal weniger diszipliniert bist.

Wie gut gelingt es dir, deine Impulse zu kontrollieren?
Was bringt dich dazu, diesen nachzugehen?

Fällt es dir schwer, die Kontrolle zu behalten, und erwischst du dich häufiger dabei, dass du deinen Impulsen nachgehst, obwohl du weißt, dass du das jetzt gerade unterlassen solltest? Führt dies in deinem Alltag zu Problemen und Konfliktsituationen?

Wie verhältst du dich inmitten eines Streitgesprächs?
Kannst du zwischendurch eine Pause einlegen oder feuerst du unentwegt drauflos?

Bist du eher der impulsive Typ und möchtest all deinen Frust sofort loswerden, ohne Rücksicht auf deine Mitmenschen? Oder kannst du gut zuhören, dich sogar zurücknehmen und dich auch in die Lage des anderen hineinversetzen, auch wenn du gerade viel Kritik äußern möchtest?

Wie gut kannst du dich in andere Personen hineinversetzen und Verständnis aufbringen?

Kannst du nachvollziehen, warum jemand beispielsweise einen Fehler gemacht hat, und kannst du demjenigen dann sogar einen Fehltritt verzeihen? Überlege auch, wie viel Verständnis du für dich selbst aufbringst, wenn es gerade einmal nicht so rosig aussieht.

Wann verlierst du vollkommen die Kontrolle?
Welche Auslöser gibt es hierfür?

Analysiere deine persönlichen Triggerpunkte: Welche Reize sind dafür verantwortlich, dass du dich wie fremdgesteuert fühlst und es zu einem Ausbruch deiner Gefühle kommt? Kommen diese Auslöser regelmäßig vor und wenn ja, wie oft genau? Vielleicht findest du Wege, diese zu umgehen oder sie aktiv zu verändern?

Wie beruhigst du dich selbst und wie sieht das während eines Konfliktes aus?

Hast du bestimmte Techniken, mit denen du dich schnell wieder in deinen Ruhezustand bringen kannst, oder hast du generell eine gute Selbstbeherrschung? Wie gelingt es dir, dich nicht weiter in ein Problem hineinzusteigern? Kannst du dich überhaupt beruhigen oder benötigst du Hilfe von Außenstehenden?

Bist du zufrieden mit deinem Verhalten?
Gibt es hier noch Verbesserungsbedarf?

Erstelle dir ein Fazit zu deiner allgemeinen Zufriedenheit und notiere dir alle negativen Seiten, die du an den Tag legst. Sei dabei nicht zimperlich und sei vor allem ehrlich mit dir selbst. Wo kannst du nachbessern und welche Methoden fallen dir selbst sogar dazu ein? Bist du unzufrieden mit deinem gesamten Verhalten oder sind da nur einige Punkte, die dich stören? Hält der Zustand der Unzufriedenheit deswegen schon länger an? Wenn ja, warum hast du bis jetzt noch nichts dagegen unternehmen können?

Selbstregulation – Kann man das lernen?

Selbstregulation ist ein Lernprozess, welcher hauptsächlich in der Kindheit stattfindet. Jedoch ist es natürlich immer möglich, an den eigenen Kompetenzen zu arbeiten und seine Fähigkeiten zu verbessern. Es kommt hier immer darauf an, wie stark die Selbstregulation ausgeprägt ist. Wenn bei bestimmten Lebenssituationen Selbstregulation angewandt wird, diese allerdings bei Krisen und Stressphasen zum Erliegen kommt, ist es notwendig, nachzubessern und sein eigenes Verhalten zu hinterfragen. Meist genügt es, achtsamer mit sich und der Umwelt umzugehen sowie eine Pause einzulegen. Dadurch kann es dann leichter gelingen, sich besser zu regulieren und sorgsamer mit sich umzugehen.

Man lernt bekanntlich nicht aus, und so sieht es auch mit der Selbstregulation aus. Mal funktioniert sie besser und mal weniger gut. Das ist ganz normal. Kaum ein Mensch hat sich durchgehend im Griff und macht nie Fehler. Das ist schlichtweg unmöglich, aber es gibt immer die Möglichkeit, dazuzulernen und sich zu optimieren. Aber es gibt auch Menschen, bei denen Selbstregulation faktisch nicht vorhanden ist. Dies ist natürlich für die betroffene Person eine große Herausforderung und ihr Alltag wird so einige Schwierigkeiten mit sich bringen. Damit diese ihre Emotionen und Impulse kontrollieren kann, braucht es Geduld, Verständnis für sich selbst und viel Durchhaltevermögen. Das ist nicht immer leicht, denn die Person muss hier komplett von vorn anfangen und sich neue Verhaltensweisen aneignen, die sie vorher nicht kannte oder anwenden konnte.

Das nimmt mitunter viel Zeit und Arbeit in Anspruch. Hinzu kommen dann sicherlich Phasen, in denen nichts zu funktionieren scheint und die Motivation schwindet. Dies ist eine weitere Hürde, die es bei dem Lernprozess zu bewältigen gilt. Grundsätzlich ist Selbstregulation jederzeit erlernbar, doch der beste Zeitraum ist im Kindesalter zwischen der Geburt und dem dritten Lebensjahr. Hier bekommen Kinder alle wichtigen Grundlagen der Regulation durch die Eltern beigebracht und werden so bestens auf ihr späteres Leben vorbereitet. Wird dieser Lernprozess unterbrochen oder fällt er komplett weg, ergeben sich später viele Problematiken, die sich als Erwachsener schwerer wieder ändern lassen. Wenn es dir ebenso geht und du dich fragst, wo du denn jetzt anfangen sollst, um deine Selbstregulation zu verbessern, habe ich hier ein paar anfängliche Tipps für dich:

TIPPS FÜR DAS ERLERNEN DER SELBSTREGULATION

Irgendwo musst du natürlich einmal anfangen, denn von selbst wird sich deine Selbstregulation nicht steigern. Das bedeutet, du nimmst dir im Alltag Momente vor, in denen du leichter die Kontrolle behalten kannst. Wenn dir beispielsweise etwas nicht so gelingt, wie erhofft, dann kannst du versuchen, dein Verhalten, welches du sonst zeigst, zu stoppen und zu überdenken. Das kannst du mithilfe der folgenden Anregungen bestimmt gut umsetzen:

Ruhe finden

Spürst du, wie es gerade in dir brodelt, und merkst du die Anzeichen eines Wutausbruchs auf dich zurollen? Dann sage dir jetzt ganz bewusst: „Stopp!" Verlasse, wenn möglich, den Raum und ziehe dich für einen kurzen Moment zurück. Eine Pause vom Ort des Geschehens kann schon Wunder wirken und dich ruhiger werden lassen. Schließe die Augen und atme tief ein und aus. Ganz langsam und bewusst. Konzentriere dich nur auf deine Atmung und auf nichts anderes mehr. Zähle bis zehn oder, wenn du möchtest, sogar bis fünfzig. Du kannst dir auch etwas Schönes vorstellen, das dich jetzt gerade von deinen aufkeimenden Gefühlen ablenkt. Wichtig ist es hier, wieder die Ruhe zu finden und sich nicht zu Kurzschlusshandlungen hinreißen zu lassen. Nach den Atem- oder Zählübungen wirst du wieder klarer sehen und dich deinem Problem stellen können.

Analyse des eigenen Verhaltens

Denke zurück an all die Gefühlsausbrüche und Reaktionen, die du lieber nicht zeigen wolltest. Du musst dich damit auseinandersetzen, ob du das jetzt gut findest oder nicht. Aber, wenn du herausfinden kannst, weshalb du dich so verhalten hast, kannst du genau dort anknüpfen und entsprechende Lösungswege suchen. Ohne Analyse kennst du deine Beweggründe nicht, und diese sind nun mal von großer Bedeutung. Bin ich gereizt, weil mir gerade etwas aus der Hand gefallen ist, oder steckt doch mehr dahinter, als ich zugeben mag? Esse ich so maßlos, weil ich Langeweile habe, oder bin ich gefrustet und möchte meine Gefühle damit betäuben? Oft sind nämlich ganz andere Gründe für das eigene Verhalten verantwortlich, als man zuerst dachte. Nimm dich und dein Verhalten deshalb genau unter die Lupe und frage dich, warum du dich nicht zurückhalten kannst.

Ideen entwickeln

Wenn du erkannt hast, welche Alltagssituationen für dich ein Problem darstellen, kannst du dir auch Lösungsansätze erarbeiten. Diese solltest du für dich selbst ausprobieren und schauen, ob sie bei dir wie gewünscht funktionieren. Wenn du kein visueller Typ bist, werden dir Visualisierungstechniken nicht wirklich weiterhelfen, aber vielleicht sind Atemtechniken eher etwas für dich? Teste aus, was dir hilft, und verfolge diese Techniken konsequent. In diesem Buch findest du dazu noch eine Menge Übungen und Tipps, die du hierfür nutzen kannst.

Umdenken trainieren

Was beim Lesen Sinn ergibt, muss in deinen Gedanken aber noch nicht angekommen sein. Dein Mindset, also deine Einstellung, musst du genauso trainieren wie deine Verhaltensweisen. Beides gehört zusammen und ist voneinander abhängig. Das bedeutet, wenn du krampfhaft versuchst, dich selbst zu regulieren, aber innerlich einem Vulkan gleichst, bist du noch nicht ganz am Ziel angekommen. Das, was dich stört, ist trotzdem noch in deinen Gedanken verankert und triggert dich. Die Kunst ist es, diese Auslöser so zu entschärfen, dass dich diese gar nicht mehr belasten. Dazu bedarf es einer Umdenkphase, die du natürlich intensiv trainieren musst.

Grenzen setzen

Du möchtest ein bestimmtes Verhalten bei dir eliminieren? Du hast es einfach satt, dass du immer über deine Grenzen hinausschießt? Wenn ja, dann solltest du dir selbst Grenzen setzen und dir in Gedanken sagen: **„Bis hierhin und nicht weiter."** Das klingt leichter als gedacht, denn in deinem Kopf wird es auch eine andere Stimme geben, die dagegen arbeitet. Wenn du dir aber immer wieder sagst, was deine Grenzen sind, wird sich dein Gehirn daran gewöhnen und ebenfalls davon überzeugt sein. Das hält dich dann davon ab, falsch zu reagieren und zu handeln. Probiere es doch einmal aus und setze dir zum Beispiel ein Limit für den Medienkonsum. Schaffst du es, dieses regelmäßig einzuhalten, wird dies für dich zur neuen Routine und du bist dann nicht mehr wie vorher nur mit deinem Smartphone beschäftigt.

Üben, üben, üben

Die besten Ratschläge und Methoden helfen nichts, wenn du sie nicht befolgst. Auch einmalig ausprobiert, werden diese Tipps noch nicht erfolgversprechend sein. Du musst hier diszipliniert herangehen und jeden Tag dazulernen. Das bedeutet für dich, in regelmäßigen Abständen zu üben und dein Wissen zu festigen. In der Praxis wird es natürlich einige Punkte geben, an denen du vielleicht sogar noch scheiterst, und es wird auch Phasen geben, in denen du an dir selbst zweifelst. Ich möchte dir hier nicht versprechen, dass du mit ein paar kleinen Tricks dein ganzes Leben umkrempeln kannst, denn so läuft es leider nicht. Für deinen Erfolg musst du schon etwas tun und dazu gehört regelmäßiges Üben deiner persönlichen Regulationsstrategien. Nur, wenn du diese durch regelmäßiges Üben verinnerlicht hast, kann sich deine Selbstregulation zunehmend verbessern.

In 3 Schritten zu mehr Kontrolle

Ich möchte dir zuerst eine kleine Geschichte erzählen, bevor wir mit der eigentlichen Arbeit beginnen. Diese Geschichte heißt „Die zwei Wölfe" und behandelt die Thematik, welchen inneren Kampf die Menschen mit sich austragen müssen. Sie wurde von einem evangelischen Pfarrer 1978 aus alten indigenen Geschichten zusammengetragen und umgeschrieben. Sie passt dennoch sehr gut zum Thema Selbstregulation und verdeutlicht die Schwierigkeiten der eigenen Persönlichkeit. Ein alter Cherokee erzählte seinem Enkel, wie schwierig es sei, sich für den richtigen Pfad im Leben zu entscheiden, und dass es auch hin und wieder vorkomme, den falschen Weg einzuschlagen. Dies läge jedoch an den zwei Wölfen, die wir Menschen in uns tragen. Der eine Wolf ist böse, missgünstig, traurig, eifersüchtig, zornig, arrogant, bedauernswert, egoistisch und trägt noch viele weitere negative Eigenschaften in sich. Der andere jedoch hat ein frohes Gemüt, ist freundlich, hilfsbereit, zufrieden, großzügig, wohlwollend, treu und besitzt fast alle positiven Eigenschaften, die man sich eben vorstellen kann. Nun kämpfen die beiden Wölfe miteinander und es ist schwierig, zu sagen, wer die Oberhand gewinnt. Der Enkel dachte lange nach und fragte seinen Großvater, welcher Wolf denn letztendlich gewinnen würde? Und der Großvater lächelte ihn an. Er erzählte ihm, dass nur der Wolf gewinnen würde, der gefüttert würde.

Was sagt uns diese Geschichte also? Füttern wir den falschen Wolf in uns, wird dieser selbstverständlich dominieren und über den anderen Wolf herrschen. Verweigern wir dem negativen Wolf das Futter, also versuchen wir, ihn auszuhungern, wird es uns gelingen, den positiven Wolf in uns an die Macht zu bringen. Genauso sieht es mit unserem Verhalten aus. Lassen wir nur unsere negativen Eigenschaften zu, werden diese ebenfalls zu stark und verdrängen die positiven Seiten an uns. Deshalb ist ein Umdenken wichtig und Maßnahmen, die unseren „negativen" Wolf in Schach halten. Dazu widmen wir uns dem folgenden Kapitel, welches dir die Augen öffnen wird, damit du lernst, deinen positiven Wolf zu füttern und den negativen linksliegen zu lassen.

In diesem Kapitel beginnen wir mit der Umsetzung, die für das Erlernen und Verbessern der Selbstregulation nötig ist. Dazu gibt es drei Phasen, die du durchläufst, um überhaupt etwas an deinem Verhalten ändern zu können: Du musst dir das so vorstellen, dass dein Körper stetig Prozesse abschließen muss, damit er überhaupt neue Prozesse erfolgreich angehen kann. Eines führt zum anderen und baut aufeinander auf. Wenn du also dein Verhalten verändern möchtest, musst du dieses bewusst wahrnehmen und anschließend ausführlich analysieren. Sonst weißt du überhaupt nicht, wo du ansetzen sollst, und dies ist hinderlich in Bezug auf die Strategien und Methoden, die für weitere Fortschritte nötig sind. Du scheiterst auch viel schneller, weil deine Methoden vielleicht nicht effektiv genug sind, und das verschafft dir nur unnötigen Frust und schadet deinem Selbstbewusstsein. Daher zeige ich dir in drei Schritten, wie du deine Impulse und Emotionen so unter Kontrolle bekommst, dass du es schaffst, bei der Sache zu bleiben, ohne aus der Fassung zu geraten.

SELBSTBEOBACHTUNG

Im ersten Schritt geht es darum, sich selbst besser kennenzulernen und die Merkmale des eigenen Verhaltens zu erschließen. Dabei nimmst du zunächst nur die Rolle des Beobachters ein und versuchst noch gar nicht, deine Reaktionen zu bewerten. Das kommt erst im nächsten Schritt, aber so weit sind wir noch nicht. Ziel ist es hier, sich einen Überblick zu verschaffen, damit du deine jeweiligen Defizite auch erörtern kannst. Achte also beispielsweise mal eine ganze Woche darauf, wie du dich verhältst. Du kannst dir auch Notizen dazu machen und ein Verhaltenstagebuch führen. Hast du zum Beispiel die Beherrschung verloren, weil jemand etwas Schlechtes zu dir gesagt hat? Führst du Handlungen aus, die keinen Sinn ergeben, dich aber beruhigen? Greifst du immer wieder zu Ersatzbefriedigungen wie Essen oder Nikotin? Gibt es Verhaltensweisen, die du regelmäßig an den Tag legst, die aber völlig inakzeptabel sind?

Notiere deine Beobachtungen genau und befrage auch Freunde oder Verwandte dazu, wie sie dein Verhalten empfunden haben. Schreibe auch unbedingt positives Verhalten auf, wenn du zum Beispiel einer Versuchung getrotzt hast oder du es geschafft hast, deine Gefühle im Zaum zu halten. Deine Notizen geben dir am Ende der Woche Aufschluss darüber, inwiefern du an deiner Selbstregulation arbeiten musst und ob du schon ein paar Methoden anwendest, die dich regulieren. Es ist wichtig, dass du bestimmte Muster und Abläufe in deinem Kopf verstehst, denn nur dann kannst du aktiv eine Veränderung herbeiführen. Die folgende Übung kann dir dabei helfen, achtsamer mit dir selbst zu sein und dich selbst besser zu spüren.

Übung zur Selbstbeobachtung

Stell dir dein Leben als ein Theater vor. Du selbst sitzt im Publikum und betrachtest die Theaterbühne. Jeden Moment geht die Vorstellung los und du allein weißt, wer gleich die Bühne betritt. Horche in dich hinein und versuche, herauszufinden, welcher Charakter gleich ins Rampenlicht tritt. Stelle dir dabei ein paar Fragen.

- Welches Gefühl wird jetzt gleich auftreten und seine Showeinlage zum Besten geben?
- Wie sieht dieses Gefühl aus? Versuche, ihm ein Aussehen zu verleihen.
- Welchen Namen würdest du ihm geben?
- Warum tritt genau dieser Charakter auf und verschwindet er mit einer besonderen Aktion wieder?
- Welche Erinnerungen verbindest du mit diesem Gefühl?
- Welche Reaktionen löst dieses Gefühl in dir aus und warum ist das so?

Wenn du dich in die Lage des Zuschauers versetzt, kannst du leichter dein Verhalten beobachten und reflektieren. Versuche diese Übung immer mal wieder, wenn du spürst, dass etwas in deiner Gefühlswelt passiert. Du gibst dir auch so die Möglichkeit, deine Emotionen kennenzulernen und sie nicht, wie üblich, einfach zu ignorieren. Das kann dir bei deinen weiteren Schritten eine große Hilfe sein.

SELBSTBEWERTUNG

Du hast dich jetzt genauer beobachtet und deine Verhaltensweisen eingehend studiert. Nun folgt ein weiterer Schritt: die Selbstbewertung. Hierbei handelt es sich um nichts anderes als eine Reflexion deines Verhaltens. Du gibst dir also ein Feedback und hinterfragst kritisch deine Einstellung, deine Handlungen und deine Gefühle. Dabei lernst du, deine Selbstwahrnehmung zu trainieren, und beurteilst deine Person in Bezug auf alltägliche Situationen und dahingehend, wie du mit diesen umgehst: Wie verhalte ich mich in bestimmten Situationen? Was kann ich ändern? Wie ist es überhaupt dazu gekommen, dass ich so reagiert habe? Welche Lösungen gibt es, damit ich mich besser beherrschen kann?

Diese Fragen wirst du dir sicherlich stellen müssen und womöglich wirst du feststellen, dass es in einigen Punkten Verbesserungsbedarf gibt. Diese neuartige Selbsterkenntnis kann dich anfangs etwas überfordern und du wirst auch über so manches Verhalten von dir erschrocken sein. Das gehört aber zum Lernprozess und bringt dich dazu, eine Veränderung anzustreben. Damit du dich selbst besser verstehst und auch deine Schwachstellen findest, denen du effektiv entgegenwirken kannst, habe ich vier Tipps für dich, wie du mehr Selbstreflexion in deinen Alltag integrierst:

Reflektiere schwierige Momente

Im Laufe des Lebens können viele Hürden auf dich zukommen und dich besonders fordern. Mache es dir zur Gewohnheit, nach einer schwierigen Phase über deine Reaktionen nachzudenken, und versuche, zu verstehen, warum manche Dinge aus dem Ruder gelaufen sind und was du vielleicht sogar dazu beigetragen haben könntest. Nicht immer fällt es leicht, Fehler einzugestehen oder diese sofort zu durchschauen. Du kannst dir auch Hilfe aus deinem Bekanntenkreis holen und ihr könnt gemeinsam überlegen, was zu deiner Krise geführt hat. Ein außenstehender Beobachter hat den Vorteil, dass seine Emotionen nicht mit deinem persönlichen Verhalten verknüpft sind, es sei denn, er war unmittelbar involviert. Aber er wird dennoch einen distanzierteren Blick auf diese Situation aufweisen und dir wertvolle Erkenntnisse liefern können. Häufig stehen bei der Selbstreflexion die eigenen Gefühle im Weg und es kann vorkommen, dass man sein eigenes Verhalten bagatellisiert oder dramatisiert. Beispielsweise wird eine Person mit Suchtverhalten immer versuchen, dieses kleinzureden, weil eben die Angst besteht, die Sucht aufgeben zu müssen, wenn diese als Problem enttarnt wird. Es würde für diese Person eine große Anstrengung bedeuten, gegen diese Sucht anzukämpfen, und oft fehlt ihr dazu die Energie. Die Sucht wird folglich kleingeredet oder deshalb verheimlicht.

Diese Personen versuchen, ihr Verhalten nicht als eigentliches Problem anzusehen, sondern möchten lieber einen anderen Grund für ihre Krise verantwortlich machen. Anders sieht das bei Personen mit niedrigem Selbstbewusstsein aus. Diese neigen dazu, ihr gesamtes Verhalten schlechtzureden, und sehen in allem Verbesserungspotenzial. Ständige Selbstkritik, vor allem, wenn diese unbegründet ist, kann ein falsches Selbstbild hervorrufen und die eigentlichen Verhaltensstörungen bleiben unentdeckt. Ein Gespräch mit einem Außenstehenden kann manchmal besser darüber Aufschluss geben, welche Fehler man vermeiden sollte, als wenn man sich allein mit diesen beschäftigt. Feedback aus dem eigenen Umfeld ist daher Gold wert und sollte immer miteinbezogen werden, wenn man sich daran macht, seine Selbstwahrnehmung zu trainieren.

Ziehe jeden Abend ein Fazit

Ein kleines Abendritual kann dir bei deiner Selbstreflexion helfen und dir eventuelle Lösungsansätze zeigen, die du vorher noch nicht auf dem Schirm hattest. Nimm dir deshalb jeden Abend vor, für mindestens zehn Minuten über die Ereignisse des Tages nachzudenken. Du kannst die besagten Ereignisse auch aufschreiben und die einzelnen Tage dann miteinander vergleichen.

- Wie hast du selbst auf manche Situationen Einfluss nehmen können und was hast du dazu beigetragen, dass der Tag so verlaufen ist?
- Welche waren deine wahrgenommenen Gefühle, deine Reaktionen?
- Welche Konflikte oder Herausforderungen haben sich ergeben? Wie konntest du mit diesen umgehen?
- Was hättest du besser machen können?

Führe ein Verhaltenstagebuch

So ähnlich wie das Fazit am Abend kann dir auch ein Tagebuch behilflich dabei sein, deine Verhaltensmuster zu erkennen und zu verbessern. Nur, dass du hier etwas ausführlicher herangehst und dieses Tagebuch zu jeder Tageszeit führen kannst. So kannst du es auch morgens als Motivation nutzen und dir eigene Verhaltensregeln aufstellen. Wenn du beispielsweise in einen Konflikt gerätst, kannst du dir selbst etwas mehr Ruhe verordnen und dir sagen: „Ich werde heute nicht aufbrausend, sondern bleibe gelassen und freundlich." Du kannst dir diese Affirmationen jeden Tag aufschreiben und dich selbst positiv beeinflussen.

Das Tagebuch dient als Motivationshilfe und gleichzeitig auch als Protokoll. Darin hältst du deine Erlebnisse fest und den Umstand, wie du mit diesen umgegangen bist. Verhaltensdefizite lassen sich leichter herausfinden und du findest Anregungen, diese zu beseitigen.

Bereite dich mit Selbstreflexion auf Situationen vor

Stehst du zum Beispiel vor einem bedeutenden Ereignis, wie einem Bewerbungsgespräch, einem Streitgespräch oder Ähnlichem, kannst du dich mithilfe deiner Selbstbewertung darauf vorbereiten. Kläre zuerst mögliche Reibungspunkte, die dich eventuell ins Straucheln bringen könnten, und gehe diese in deinem Kopf bis ins kleinste Detail durch. Dazu musst du herausfinden, wie du dich in der Vergangenheit in solchen Situationen geschlagen hast. Analysiere genau, was dich zum Scheitern gebracht hat und weshalb du manchmal keinen Erfolg verbuchen konntest. Standest du dir selbst im Weg und hast dich womöglich sogar selbst sabotiert? Was waren die Gründe für dein Fehlverhalten und wie würdest du jetzt reagieren?

Du kannst viel über dich lernen und an dir arbeiten, wenn du vergangene Geschehnisse überdenkst und Revue passieren lässt. Wenn du dann weißt, was deine Triggerpunkte sind, hast du die Möglichkeit, einen Plan zu erarbeiten, der dir hilft, diese Triggerpunkte zu erkennen und nicht darauf anzuspringen. So bewahrst du einen kühlen Kopf und kannst dein Verhalten besser steuern.

SELBSTVERSTÄRKUNG

Veränderungen sind erst möglich, wenn du verstanden hast, was bei dir gerade schiefläuft. Dazu musst du dich beobachten und bewerten. Anhand deiner Erkenntnisse hast du zwei Möglichkeiten, deine Selbstregulation zu trainieren: Entweder du setzt dir Ziele und bist bereit für Veränderungen, weil du dich aktiv mit deinen Defiziten beschäftigst, oder du vermeidest Situationen, die dich unnötig reizen.

Der erste Fall meint die positive Selbstverstärkung, bei der du dein Problem erkannt hast und dieses aus eigener Motivation heraus lösen möchtest. Hinzu kommt dann immer eine entsprechende Belohnung, die dein Verhalten weiter aufrechterhält, etwa ein Lob, ein Geschenk oder mehr Zuwendung von dir selbst oder deinem Umfeld.

Die zweite Variante ist die negative Selbstverstärkung – diese führt oft zu selbst bestrafendem Verhalten und Vermeidungstaktiken. Eben wenn du dich nicht im Griff hast, verbietest du dir gewisse Dinge, bis du es endlich schaffst. Dabei kann die negative Selbstverstärkung auch eine positive Wirkung besitzen und dein Verhalten nachhaltig beeinflussen. Häufig wird sie aber als Selbstbestrafung missbraucht und ist nicht so vielversprechend wie die positive Selbstverstärkung, da sie demotivierend wirkt.

Doch wie genau funktioniert also diese Verstärkung und wie kann man diese für sich nutzen? Wenn wir uns die positive Verstärkung mal genauer ansehen, können wir feststellen, dass auf einen Reiz immer eine Reaktion folgt. Diese möchten wir so positiv wie möglich gestalten und das gelingt uns, wenn uns als Folge unseres Handelns etwas Positives in Aussicht gestellt wird, beispielsweise, wenn du erst den Haushalt verrichtest und dir danach einen Filmabend gönnst.

Noch besser ist das Beispiel bei der Erziehung zu erklären. Stell dir vor, du versprichst deinem Kind, nachdem es seine Hausaufgaben gemacht hat, dass du etwas Schönes mit ihm unternehmen wirst. Es hat nun einen Anreiz, die von dir erwünschten Handlungen auszuführen, weil es dafür etwas erwarten kann. So hat es diese Motivation auch, wenn es von dir ein Lob erwarten kann oder du ihm besonders viel Aufmerksamkeit schenkst. Die positive Verstärkung unterstützt also das gewünschte Verhalten und sorgt dafür, dass dieses wiederholt wird. Aber wie kannst du die positive Selbstverstärkung für dich nutzen und deine erwünschten Verhaltensweisen fördern?

Verhalten spezifizieren

Zunächst einmal musst du dir darüber im Klaren sein, welches Verhalten du überhaupt verstärken möchtest. Mache dir klar, welcher Mensch du in Zukunft sein möchtest und welche Eigenschaften du dafür brauchst. Notiere dir dein unerwünschtes Verhalten und stelle es dem erwünschten gegenüber. Überlege dir dann eine Methode, wie du deine Motivation aufrechterhalten kannst. Belohne dich dafür, wenn du es geschafft hast, dein Verhalten zu realisieren, und lobe dich regelmäßig. Wenn du Fortschritte bemerkst, wirst du dich automatisch selbst motivieren und dich durch deine Gedanken positiv stärken können.

Zeitraum der Verstärkung

Setze dir einen Rahmen für deine Ziele und versuche, diese stetig zu verfolgen. Übe dich in Disziplin und gebe nicht auf, wenn es mal nicht so rund läuft. Lege einen Zeitpunkt fest, bis zu welchem du dich durch die Methode der positiven Verstärkung verbessert haben willst. Sei dabei aber möglichst realistisch, denn nicht immer sind Erfolge nach kurzer Zeit möglich. Meistens dauert es etwas länger, bis du dein neues Verhalten gefestigt hast. Mehrere Monate bis hin zu einem Jahr, je nach Umständen sogar länger, kann deine Entwicklung andauern.

Anwenden der positiven Verstärkung

Wichtig ist, dass du unmittelbar nach jeder erwünschten Aktion die positive Verstärkung anwendest. Das heißt, dass, wenn dir etwas gelungen ist, du dich selbst sofort dafür belohnst oder lobst. Ansonsten wirst du schnell wieder in alte Muster verfallen. Konzentriere dich auch auf eine optimistische Einstellung und fange an, positiv zu denken, denn dann wird sich dein Leben auch in eine positive Richtung entwickeln. Bist du davon überzeugt, dass dein Leben sich gut entwickelt, wird es auch so sein. Umdenken ist hier der Schlüssel und so verstärkst du auch dein erwünschtes Verhalten. Probiere es mal einen Tag lang aus und versuche, optimistisch und zuversichtlich zu denken, auch wenn du mal scheiterst. Schnell wirst du merken, wie du dich selbst antreibst – und das ist ja genau das, was du möchtest.

Herausforderungen in der „Praxis"

D u hast jetzt viele wertvolle Informationen zum Thema Selbstregulation sammeln können und bestimmt auch schon ein paar Übungen dazu ausprobiert. In diesem Kapitel geht es jetzt darum, deinen Alltag zu durchleuchten und Strategien zu entwickeln, wie du zukünftige Gefühlsausbrüche vermeiden kannst und Reize, die dich überfordern, erkennst. Deine neuen Vorsätze anzugehen, wird sicherlich nicht einfach werden, denn das alltägliche Leben ist nicht gänzlich planbar und es kann immer zu unvorhersehbaren Ereignissen kommen. So manche Situation kann da schon einmal seine Tücken haben und du wirst deine Methoden regelmäßig üben müssen, um Erfolge zu verzeichnen.

Wichtig ist, dass du herausfindest, welche Schwachpunkte du besitzt und wie du diese vor störenden Reizen schützen kannst, damit du erst gar nicht darauf anspringst. Sonst kommt es zu unkontrollierbaren Handlungen oder Gedanken, die dich wieder in alte Verhaltensweisen zurückwerfen. Und das möchtest du natürlich nicht, deshalb beschäftigen wir uns nun etwas intensiver mit deinen Triggerpunkten.

DAS BRINGT MICH AUF DIE PALME: TRIGGERPUNKTE ERKENNEN

Jeder Mensch hat einen unsichtbaren roten Knopf im Inneren seines Körpers, der bei dem richtigen Auslöser zu einer Katastrophe führen kann. Dieser Knopf ist mit einer Vielzahl von negativen Gefühlen und Erinnerungen verknüpft und kann, wenn er betätigt wird, bei einer Person zu einem Totalausfall der Selbstregulation führen. Du kennst das bestimmt auch: Wenn dich jemand beleidigt und eine deiner Grenzen überschreitet, dann kannst du dich kaum noch zurückhalten. Bei vielen Menschen kann dieser Umstand zu Eskalationen führen und sie dazu bringen, ihre moralischen Werte zu vernachlässigen.

Faktisch kann alles ein Trigger sein, was in uns negative Emotionen auslöst. Ein Wort, eine Geste, eine Person, eine Erfahrung oder auch ein ganz bestimmter Tonfall sind nur einige mögliche Triggerpunkte. Diese sind häufig ein Überbleibsel deiner Vergangenheit und zeigen dir ganz genau, welche Gefühle du mit diesen negativen Reizen verbindest. Sie sind sehr individuell und es treffen daher nicht auf jede Person dieselben Trigger zu. Was den einen Menschen fürchterlich aus der Fassung bringt, löst bei einem anderen wiederum gar nichts aus. Deshalb kommt es immer auf die einzelne Person und ihren Werdegang an.

Hast du in deiner Kindheit etwas erlebt, das dich beispielsweise traumatisiert hat, so kann ein bestimmter Reiz dich sofort in dieses Ereignis zurückwerfen. Du verspürst all die negativen Gefühle, Ängste und auch Schmerzen, die du gehofft hattest, nie wieder erleben zu müssen. Wiederholen sich negative Erlebnisse aus der Vergangenheit, können starke Emotionen hervorgerufen werden, die deshalb eine sofortige Reaktion des Körpers verlangen. Plötzliche Panik, Schockstarre oder heftige Gefühlsausbrüche können spontane Reaktionen auf Triggerpunkte sein, die dich dauerhaft verfolgen können. Auch nach einem längeren Zeitraum können diese Reaktionen des Körpers schlagartig auftreten, wenn ein bestimmter Reiz zum Vorschein kommt.

Du bist diesen Triggern aber nicht komplett hilflos ausgeliefert, sondern kannst aktiv etwas dagegen unternehmen. Dazu musst du diese Trigger identifizieren und ihnen die Stirn bieten. Dafür benötigst du einen Beobachtungszeitraum und natürlich müssen diese Trigger auch in dieser Zeit auftreten. Wenn es dann zu diesen Auslösern kommt, solltest du dir deine körperlichen Reaktionen genauer anschauen und deine Gefühle benennen.

Dazu habe ich für dich auch hier wieder eine hervorragende Übung, die dich weiterbringt und dir hilft, deine Vergangenheit nach möglichen Triggern zu durchsuchen.

Übung: Meine persönlichen 5 Triggerpunkte

Sorge dafür, dass du ungestört bist, und setze dich ganz bequem hin. Schließe nun deine Augen und atme tief ein und aus. Konzentriere dich so lange auf deine Atmung, bis du völlig entspannt bist. Deine Augen bleiben geschlossen. Gehe jetzt das letzte Ereignis durch, bei dem du die Kontrolle verloren hast:

- Wie hat das Ganze angefangen?
- Was war der erste Auslöser für dein Verhalten?
- Wie waren deine Reaktionen?
- Was genau hat dich dazu veranlasst, so zu reagieren?
- Wie ist der Konflikt verlaufen?
- Wie hast du dich währenddessen und danach gefühlt?

Gehe diese Fragen detailliert durch und spreche dazu laut jeden einzelnen Trigger aus, der dir einfällt. Du solltest mindestens fünf benennen können. Hierbei darfst du selbstverständlich auch Selbstgespräche führen und dir die Geschichte deines Gefühlsausbruchs oder deiner Schwachstellen noch einmal erzählen. Im nächsten Schritt stellst du dir wieder ein paar Fragen:

- Was sind meine fünf schlimmsten Triggerpunkte?
- Wieso lösen sie negatives Verhalten in mir aus?
- Was kann ich tun, um nicht auf diese Trigger zu reagieren?
- Wie kann ich präventiv dafür sorgen, dass mir dies nicht noch einmal passiert?

Mithilfe der Fragen kannst du dir selbst eine Hilfestellung geben und Ideen finden, wie du dich besser beherrschen lernst. Dazu entwickelst du eine eigene Strategie, die du beim nächsten Mal anwendest, wenn einer dieser Trigger wieder zuschlagen sollte. Beispielsweise können dich Atemübungen oder Visualisierungstechniken beruhigen.

Eine weitere Idee ist es, dir zur Orientierung eine Alternativgeschichte einfallen zu lassen. Das heißt, du analysierst das letzte Ereignis, an dem du die Beherrschung verloren hast. Nun überlegst du dir stattdessen, wie du in Zukunft ein positiveres Verhalten an den Tag legen könntest. Du machst dir auch Gedanken darüber, wie dein Gegenüber reagiert hätte oder was die logische Konsequenz für dein positives Verhalten wäre.

DIE METAPERSPEKTIVE EINNEHMEN

Damit du dich von deiner Anspannung und deinen Problemen kurzzeitig lösen kannst, empfehle ich dir, zwischendurch ganz bewusst die Adlerperspektive einzunehmen. Was heißt das genau? Wenn du dir einen Adler vorstellst, der hoch oben über der Erde schwebt, hast du sicherlich das Bild vor Augen: Er kann alles überblicken und nichts und niemand kommt an ihn heran. Er fliegt frei und losgelöst durch die Lüfte, hat dabei absolut alles im Blick und kann so sein Ziel besser erkennen. Genau das kannst du mit der Metaperspektive, angewandt auf dein Leben, auch erreichen. Diese Achtsamkeitsübung hat den Vorteil, dass du dich aus einer anderen Perspektive zu betrachten lernst und deine Handlungen überdenken kannst. Außerdem erhältst du neue Erkenntnisse sowie ein besseres Gefühl für dein Bewusstsein. Ziel der Metaperspektive ist es, dir einen neuen Blickwinkel zu eröffnen, der dich klarer sehen lässt und deinen Blick auf das Wesentliche lenkt. Danach wirst du merken, wie deine Energie zurückkommt und du viel entspannter bist. Besonders an schwierigen Tagen kann dir die Adlerperspektive helfen, dich aus festgefahrenen Verhaltensweisen herauszuholen und eine Pause einzulegen. Du schaust dir dein Leben von oben an und beobachtest dein Verhalten sowie deine derzeitige Situation. Probiere es einfach mal aus, wenn du wieder das Gefühl hast, dass dir alles über den Kopf wächst und du keinen Ausweg findest.

Praktische Übung

Wie die Metaperspektive funktioniert, verrate ich dir mit dieser kleinen Übung. Du kannst sie jederzeit in deinen Alltag integrieren oder abends vor dem Schlafengehen als kleines Ritual anwenden. Alles, was du dafür brauchst, ist nur eine ruhige Umgebung und fünf bis zehn Minuten Zeit. Spanne einen kurzen Moment deine gesamte Muskulatur an und löse sie langsam wieder, dann kannst du sichergehen, dass jegliche Verspannungen deines Körpers sich in Luft auflösen. Atme nun ganz bewusst ein und aus und schließe die Augen. Du begibst dich jetzt auf eine gedankliche Reise und stellst dir vor, dass du wie ein Vogel über einer wunderschönen Landschaft schwebst. Unten am Boden siehst du dich selbst und beobachtest jeden deiner Schritte. Dabei stellst du dir ein paar Fragen:

- Wie fühlt es sich an, frei wie ein Vogel zu sein?

- Was siehst du, wenn du den Menschen dort unten betrachtest?

- Wie geht es diesem Menschen?

- Welche Gefühle macht dieser Mensch gerade durch?

- Was genau macht dieser Mensch und welche Fehler hat er dabei begangen?

- Welchen Ratschlag würdest du ihm geben?

- Welche Bedürfnisse hat dieser Mensch wohl und wie kann er diese befriedigen?

Versuche, deine Rationalität möglichst zurückzuhalten, und widme dich ganz deinen Emotionen. Lasse sie zu und gib jedem einzelnen Gefühl eine Daseinsberechtigung. Es geht hier nicht darum, sich selbst zu kritisieren oder zu verbessern. Du verschaffst dir einen Überblick über deine Gefühlswelt und dabei darfst du jeden Impuls verspüren und ihn so annehmen, wie er gerade ist. Löse dich von jeglichen Beurteilungen oder Zwängen, diese sind bei dieser Übung fehl am Platz. Das Realisieren des eigenen Istzustands mit all seinen positiven und negativen Facetten sollte hier im Vordergrund stehen.

EXKURS: DAS 4-OHREN-
KOMMUNIKATIONSMODELL

Kommunikation ist in vielerlei Hinsicht eine große Hilfe, wenn du an dir selbst arbeiten möchtest. Du kommunizierst sowohl mit deinen Mitmenschen als auch mit dir selbst. Letzteres unterscheidet sich lediglich darin, dass du genau verstehst, was du sagen möchtest, weil du die Intention dahinter siehst. Bei deinen Mitmenschen sieht das allerdings etwas anders aus, denn sie wissen nicht, was genau deine Absichten sind. Dabei kann es ganz leicht zu Missverständnissen kommen und Konflikte sind dann vorprogrammiert. Vielleicht sagt dir das 4-Ohren-Modell von Friedemann Schulz von Thun etwas oder du hast schon einmal grob davon gehört? Wenn nicht, dann erkläre ich es dir einmal genauer.

In der Kommunikation gibt es immer einen in der Rolle des Senders und einen in der Rolle des Empfängers. Eine Person sendet eine Nachricht aus und erwartet, dass die andere Person diese problemlos empfängt. Jedoch kann es manchmal an bestimmten Faktoren scheitern, wenn beispielsweise die Stimmlage, Körpersprache oder Mimik nicht zum gesprochenen Wort passt. Die Kommunikation gerät ins Schwanken und es drohen Schwierigkeiten. Die Fehlinterpretation der Nachricht kann dazu führen, dass beide Parteien sich demnach falsch verstehen. Der Sender kommuniziert hier über vier verschiedene Ebenen und der Empfänger hört dies auf ebenfalls vier Ebenen. Hierbei kommt es darauf an, auf welcher Ebene beide kommunizieren, damit keine Missverständnisse entstehen. Das bedeutet aber auch, dass jede Nachricht, die wir senden, vier Botschaften enthält. Je nachdem, mit welchem Ohr wir die Botschaft empfangen, kann es sein, dass wir die Nachricht des Senders fehlinterpretieren. Hören wir auf der gleichen Ebene wie der Sender, kommt die Botschaft einwandfrei an und löst keinen Konflikt aus. Die vier Ebenen nach von Thun werden wie folgt bezeichnet:

Sachebene

Wenn du auf der Sachebene kommunizierst, dann stellst du klare Fakten dar und lieferst sachliche Informationen ohne jeglichen emotionalen Einfluss. Dabei liegt es bei der Übertragung der Nachricht am Empfänger, diese auf die Richtigkeit zu prüfen und zu schauen, ob die Nachricht relevant für ihn ist.

Beziehungsebene

Mit der Beziehungsebene zeigst du deinem Gegenüber, wie du zu ihm stehst. Das heißt, du unterstützt deine Kommunikation mithilfe von Gestik, Mimik, Körpersprache und deinem Tonfall. Nachrichten, die auf der Beziehungsebene gesendet und empfangen werden, sind immer eng mit Emotionen verbunden oder können beim Empfänger starke Gefühle auslösen.

Selbstoffenbarung

Jede deiner Äußerungen gibt auch immer einen Teil von dir selbst preis. Du sendest mit deinen Botschaften immer Informationen aus, die deine Werte, Gefühle und auch Vorstellungen beinhalten. Du kannst sie explizit als Ich-Botschaften senden oder implizit als versteckte Botschaften.

Appell

Wenn du mit jemandem kommunizierst, steckt meist auch eine Intention dahinter. Richtet sich eine Botschaft als Appell an den Empfänger, kann er diese ebenfalls als Appell auffassen, diesem besagten Appell nachgehen oder ihn über eine andere Ebene, wie zum Beispiel die Beziehungsebene, deuten. Diese Aufforderung soll grundsätzlich dein Gegenüber dazu bringen, deinem Ratschlag zu folgen oder dir einen Gefallen zu erweisen. Auch als Hinweis kann dieser gedeutet werden oder er kann eben dazu dienen, dass der Empfänger achtsam handelt.

Mithilfe des 4-Ohren-Kommunikationsmodells kannst du also Botschaften deiner Mitmenschen untersuchen und so Missverständnisse vermeiden. Aber auch deine Kommunikation kann sich stark verbessern, wenn du versuchst, nicht nur eine Ebene der Kommunikation zu nutzen. Wenn du jede Nachricht deines Gegenübers erst einmal analysierst, anstatt sie nur auf einer Ebene wahrzunehmen, kannst du eine Menge Konfliktpotenzial einsparen. Wie du das 4-Ohren-Kommunikationsmodell genau anwendest, werde ich dir im Folgenden erklären:

Stell dir vor, du sitzt mit deiner Mutter im Auto. Sie fährt das Auto und du bist der Beifahrer. Die Ampel springt auf Grün, doch deine Mutter fährt nicht sofort los, weil sie gerade zur anderen Straßenseite sieht. Du möchtest sie darauf hinweisen, dass die Ampel grün ist. Daraufhin faucht sie dich direkt an, dass sie ja schließlich das Auto fährt und nicht du. Sie fährt wütend los und du schweigst, bis ihr zu Hause ankommt.

Was ist hier wohl gerade passiert? Du und deine Mutter habt in dem Beispiel auf verschiedenen Ebenen kommuniziert und so kam es zu einer kleinen Auseinandersetzung. Schauen wir uns deine Aussage einmal genauer an.

Deine Aussage	Die Ampel ist grün.
Sachebene	Die Ampel ist grün.
Beziehungsebene	Ich reagiere schneller als du.
Selbstoffenbarung	Ich möchte schnell losfahren.
Appell	Fahre sofort los!

Wenn du dir die Kommunikationsebenen genauer ansiehst, wirst du feststellen, dass deine Mutter auf der Beziehungsebene kommuniziert hat. Du allerdings hast die Selbstoffenbarung genutzt, weil du nicht länger an der Ampel stehen wolltest. Jedoch hättest du für deine Mutter eine andere Formulierung wählen sollen, damit sie deine Nachricht besser verarbeiten kann.

Hättest du ihr gesagt, sie solle bitte losfahren, weil die Ampel gerade auf Grün umgeschlagen ist, wäre sie deinem Appell bestimmt ohne bissigen Kommentar nachgekommen. Vielleicht steckt auch ein vorheriger Konflikt in dieser Situation, weil deine Mutter sich durch deine Aussage angegriffen und herabgesetzt fühlt. Hier können natürlich auch verborgene Emotionen eine große Rolle spielen. Deshalb ist es immer besser, alle vier Ebenen in Betracht zu ziehen, bevor man auf eine Nachricht reagiert. So vermeidest du Missverständnisse und lernst, dich auf den Empfänger oder auf den Sender einzustellen. Noch dazu kannst du während eines Streites herausfinden, an welcher Stelle die Kommunikation Störungen aufweist, und diese im Nachhinein durch ein klärendes Gespräch beseitigen.

Wenn du das 4-Ohren-Kommunikationsmodell in Zukunft berücksichtigst, wirst du schnell lernen, Botschaften korrekt zu verstehen und nicht nur auf der Beziehungsebene zu kommunizieren. Auch Botschaften, die anfänglich negativ erscheinen, können sich so als ganz andere Information entpuppen. Beherrschst du eine sachliche Kommunikation, kann dich diese bei deiner Selbstregulation besonders gut unterstützen, weil du dir nicht mehr alles zu Herzen nimmst und erst nachdenkst, bevor du handelst. Das bedeutet, dass du dich weniger angegriffen fühlst und nicht befürchten musst, dass dein Selbstbewusstsein darunter leidet.

MIT KRITIK UMGEHEN LERNEN

Kritikfähigkeit ist erlernbar und bezeichnet eine Eigenschaft, mit der wir Kritik von außen für uns nutzen und nicht gegen uns anwenden. Im besten Fall nimmst du Kritik sachlich wahr, ziehst deine Rückschlüsse und versuchst, eine Verbesserung herbeizuführen. Doch leider wird Kritik häufig als persönlicher Angriff empfunden. Schnell kann es passieren, dass Konflikte entstehen, weil die Kritik nicht sachlich formuliert oder von der betroffenen Person anders aufgefasst wurde. Es ist eine wahre Kunst, Feedback für sich zu nutzen, ohne sich angegriffen zu fühlen. Du kennst das sicherlich und dich hat bestimmt der eine oder andere Ratschlag von deinen Mitmenschen empört. Doch vielleicht gab es dabei sogar Kommunikationsschwierigkeiten oder du hast nie gelernt, mit Kritik umzugehen. Es gibt viele Gründe, weshalb Kritik falsch aufgefasst werden kann. Nicht jeder besitzt die Fähigkeit, Kritik anzunehmen, und die Ausprägung ist bei jedem Menschen anders. Es kommt schon früh darauf an, ob im Kindesalter der Umgang mit konstruktiver Kritik geübt wurde und ob Lösungswege vonseiten der Eltern aufgezeigt wurden. Natürlich ist auch entscheidend, ob die Kritik berechtigt oder überzogen dargestellt wird. Das alles fließt in unser Verständnis ein und befähigt uns, Feedback auch als solches anzusehen und eben nicht als Herabstufung unserer Fähigkeiten. Es soll zu einer Verbesserung unseres Ist-Zustandes führen und derjenige, der an uns Kritik übt, äußert nur seinen Wunsch nach einer Veränderung.

Gerade bei engen Bezugspersonen steckt oft keine böse Absicht dahinter, sondern Kritik dient eher dazu, auf ein Problem hinzuweisen, welches nicht ohne Weiteres aus der Welt geschafft werden kann. Wenn wir aber noch einmal auf die Kommunikation eingehen und das gesprochene Wort mithilfe des 4-Ohren-Kommunikationsmodells analysieren, wirst du verstehen, was dein Gegenüber dir überhaupt mitteilen möchte. Vielleicht hörst du diese Kritik ja auf einer ganz anderen Ebene, als dein Gesprächspartner beabsichtigt. Dies kann ein weiterer Grund dafür sein, weshalb manche Menschen weniger kritikfähig sind: Sie hören einfach auf einer anderen Ebene.

In diesem Kapitel schauen wir uns daher den Umgang mit Kritik anhand des 4-Ohren-Kommunikationsmodells an und versuchen, zu verstehen, warum viele Botschaften falsch gesendet und empfangen werden. Auch warum die Kritik zu vielerlei Missverständnissen führt und warum die Kritikfähigkeit in der Kindheit erst erlernt werden muss, bevor sie überhaupt entstehen kann, betrachten wir im Folgenden. Anschließend folgt wieder eine kleine Übung, mit welcher du deine Kritikfähigkeit trainieren kannst.

Die kindliche Ablehnung von Kritik

Kinder möchten durch ihr Verhalten und ihre Leistungen Anerkennung bekommen. Sie neigen dazu, sich schon früh mit anderen Kindern zu vergleichen, und möchten natürlich den Eltern zeigen, was sie schon alles können und gelernt haben. Ein Lob hat für sie eine besonders stärkende Wirkung und katapultiert Ihr Selbstbewusstsein in die Höhe. Aber auch Kritik ist für sie von großer Bedeutung, denn dadurch lernen sie, Fehlverhalten zu identifizieren und diesem entgegenzuwirken.

Nur gibt es hier einen kleinen Haken, denn Kinder reagieren auf kritische Äußerungen sehr sensibel und benötigen viel Empathie und Einfühlungsvermögen seitens eines Erwachsenen. Die richtigen Worte zu finden, um das Kind nicht herabzustufen oder zu verletzen, ist immer eine große Herausforderung für die Eltern. Versteht das Kind die Kritik nicht als sachliche Rückmeldung, wird es diese auf seine Fähigkeiten oder seine Persönlichkeit beziehen und eine kleine Mauer um sich errichten. Jegliche Wünsche, Forderungen oder Ratschläge prallen dann an ihm ab. Erwachsene sind mit Kritik schon etwas geübter und werden regelmäßig damit konfrontiert, sodass wir auch aufgrund unserer bereits entwickelten Persönlichkeit nicht besonders extrem darauf reagieren – es sei denn, jemand möchte uns nur kritisieren, weil er uns verletzen möchte. Kinder sind aber noch nicht so weit und müssen sich erst noch entwickeln.

Dabei durchlaufen sie unzählige Phasen und Entwicklungsstufen, bis sie verstehen, dass die Kritik der Erwachsenen nur ein bestimmtes Problem im Verhalten oder Denken darstellt und sie nicht diffamieren soll. Auch wird die Liebe zum Kind natürlich nicht weniger, nur weil es Fehler macht. Ein Kind denkt allerdings ganz anders. Es versteht die Kritik als herben Rückschlag, als eine Art Niederlage, und wenn es die Eltern nicht zufriedenstellen kann, dann redet es sich ein, dass die Eltern es weniger lieben würden. Deshalb ist es im Umgang mit Kindern besonders wichtig, Kritik klar und sachlich zu formulieren und jegliche Bewertungen sowie Vorwürfe zu vermeiden. Dir ist es in deiner Kindheit bestimmt auch mal so ergangen, dass du dich ungerecht behandelt gefühlt hast, obwohl deine Eltern nur das Beste für dich wollten. Du hast sie nur nicht verstehen können, weil du in deiner Entwicklung noch nicht so weit warst, mit Kritik umzugehen.

Beispiel 1:

Die Mutter kommt ins Kinderzimmer und möchte, dass ihre sechsjährige Tochter aufräumt, da das Zimmer wie ein Schlachtfeld aussieht. „Wie sieht es denn hier wieder aus? Was hast du nur wieder für eine Unordnung gemacht? Ich bin es leid, ständig für dich aufzuräumen. Du bist so unordentlich. Räum endlich dein Zimmer auf!" Die Mutter schlägt die Tür zu und die Tochter sitzt schmollend in der Ecke. Sie fühlt sich ungerecht behandelt und traurig. Natürlich wird sie nach dieser Ansage aus Trotz nicht aufräumen und der Konflikt bleibt weiterhin bestehen.

Hätte die Mutter ihre Kritik anders geäußert und die Tochter nicht für die Unordnung im Zimmer verurteilt, wäre das Konfliktpotenzial kaum vorhanden gewesen. Verändern wir jetzt die Aussage der Mutter und achten wir auf einen sachlichen Bezug, wird die Situation ganz anders verlaufen.

Beispiel 2:

Die Mutter kommt ins Kinderzimmer und möchte, dass ihre sechsjährige Tochter aufräumt, da das Zimmer wie ein Schlachtfeld aussieht. „Schatz, hier liegen sehr viele Sachen herum. Könntest du bitte dein Zimmer aufräumen? Ich kann dir auch gerne dabei helfen." Die Tochter schaut sich um und realisiert, dass die Mutter recht hat. „Ja, das stimmt, Mama, mache ich sofort. Ich möchte nur gerade das Spiel zum Ende bringen." „Ok, wenn du fertig bist, rufst du mich und wir räumen gemeinsam auf." Die Mutter schließt die Tür und die Tochter beendet ihr Spiel. Danach räumen beide gemeinsam auf.

Die sachliche Kritik der Mutter hat dazu geführt, dass das Problem gelöst wurde. Die Tochter hatte nicht das Gefühl, angegriffen zu werden, sondern wurde lediglich auf eine Tatsache hingewiesen und bekam von der Mutter noch einen Lösungsvorschlag angeboten. Diesen hat sie sofort umgesetzt, weil sie mit Respekt behandelt wurde und der Mutter gerne einen Gefallen getan hat. Somit wurde die Kritik hier erfolgreich angenommen und sie hat keine negativen Auswirkungen auf das Selbstwertgefühl des Kindes.

An den Beispielen kannst du gut erkennen, wie wichtig es ist, dass Kritik bei Kindern gut durchdacht geäußert werden sollte. Ist dies nicht der Fall und zieht sich dies durch die gesamte Kindheit hindurch, wird das Kind später als Erwachsener erhebliche Probleme mit seiner Kritikfähigkeit haben. Wenn du dich hier selbst wiedererkennst und du mit Kritik auch absolut nicht umgehen kannst, dann hast du vielleicht auch noch ein „inneres Kind", welches dich davon abhält, sachlich zu bleiben. Du nimmst Kritik zu persönlich und das zieht dich herunter, weil du von deinem Umfeld unbedingt akzeptiert und geliebt werden willst. Genau wie bei einem Kind eben. Was kannst du also tun, um deine Kritikfähigkeit zu verbessern? Dazu habe ich für dich ein paar Anregungen:

1. Versuche, in Gesprächen aktiv zuzuhören. Das bedeutet, du hörst dir erst das Anliegen deines Gesprächspartners an, bevor du deine Meinung äußerst.

2. Distanziere dich von der Kritik und beziehe diese nicht auf deine Persönlichkeit, sondern nur auf das Problem, welches angesprochen wurde.

3. Achte auf deine Körpersprache und auf die deines Gesprächspartners. Du kannst anhand der Körpersprache viel über dein Gegenüber erfahren, vor allem, ob er dir positiv zugewandt ist oder eben negativ.

4. Reflektiere das Gesagte und untersuche es auf seine Richtigkeit. Hat dein Gesprächspartner recht oder übertreibt er mit seinen Aussagen? Wenn du dir nicht sicher bist, was dein Gegenüber dir mitteilen möchte, frage noch einmal explizit nach und bitte ihn um eine Erklärung.

5. Rechtfertige dich nicht. Nimm Notiz von der Kritik, aber reagiere möglichst neutral. Bedanke dich für die Hinweise und weise darauf hin, dass du etwas Bedenkzeit brauchst, um dich mit der Kritik auseinanderzusetzen.

Die Sachebene hören

Eine Botschaft über die Sachebene zu verstehen, kann mitunter nicht ganz einfach sein. Denn wenn du dich mit jemandem unterhältst, mit dem du eine bestimmte Beziehung pflegst –sei es eine Bekanntschaft, Freundschaft oder enge Partnerschaft –, kommunizierst du irgendwann automatisch über die Beziehungsebene. Botschaften werden schnell missverstanden, da die reine sachliche Information für dich in den Hintergrund tritt und du das gesprochene Wort mit Emotionen verbindest. Du kannst die Sachebene aber trainieren, indem du nicht jede Kommunikation persönlich nimmst. Dazu brauchst du natürlich etwas Übung und es wird dir nicht bei jeder Person gelingen.

Sicherlich gibt es Menschen in deinem Umfeld, die viele Informationen über dich besitzen und dich in- und auswendig kennen. Hier ist es besonders schwierig für dich, sachliche Bezüge herzustellen, da diese Personen deine Emotionen kennen und auf diese unbewusst durch ihre Äußerungen zugreifen können. Das heißt, wenn deine Mutter dir sagt, dass du zugenommen hast, nimmt dich das im ersten Moment etwas mit. Du hast eine starke Beziehung zu deiner Mutter und möchtest sie nicht enttäuschen; deshalb kränkt dich ihre Kritik besonders stark. Du fragst dich, ob sie dich deswegen weniger wertschätzt – dabei wollte sie dir nur mitteilen, dass du in letzter Zeit einfach ein bisschen an Gewicht zugelegt hast. Das ist ihr aufgefallen und sie sieht darin nur eine rein sachliche Information, keine Beurteilung deiner Persönlichkeit. Du hingegen fühlst dich angegriffen und verspürst eine gewisse Ablehnung.

Würde eine fremde Person dir sagen, dass du zugenommen hast, wäre der Umstand ein völlig anderer. Zwar wärst du im ersten Moment etwas überrascht, aber du würdest dich nicht hineinsteigern, weil dich dieser Mensch vorher ja noch nie gesehen hat. Vielleicht nimmst du seine Aussage zur Kenntnis, denkst sogar darüber nach, ob sie berechtigt ist, aber du verbindest sie nicht unmittelbar mit deinen Gefühlen. Du hast also die Information auf der Sachebene analysiert. Das kannst du auch bei allen anderen Gesprächen lernen. Ziel ist es für dich, die sachliche Botschaft dahinter zu entschlüsseln und nicht durch die Beziehungsebene etwas völlig anderes hineinzuinterpretieren. Ich habe für dich abschließend ein paar Beispiele zusammengestellt, die dir den Unterschied zwischen Sachebene und Beziehungsebene noch einmal verdeutlichen werden:

Aussage	Beziehungsebene	Sachebene
Das Essen schmeckt anders	*Du kannst nicht kochen*	*Das Essen schmeckt anders als sonst*
Du hast nicht aufgeräumt	*Du bist unordentlich!*	*Das Zimmer ist unordentlich*
Wir müssen reden	*Ich habe ein Problem mit dir*	*Wir müssen eine Lösung finden*
Die Milch ist leer	*Du hast die Milch ausgetrunken*	*Die Milch ist leer*
Der Hund muss nach draußen	*Immer muss ich das machen*	*Der Hund muss Gassi gehen*

Wenn du dir die Sätze genauer anschaust und dann die Sachebene betrachtest, kannst du feststellen, dass die sachlichen Aussagen wenig Konfliktpotenzial haben, weil sie keine Emotionalität aufweisen. Mit den Aussagen der Beziehungsebene sind viele Gedanken und Gefühle verknüpft, die eine Bewertung deiner Persönlichkeit oder einen Vorwurf suggerieren. Konzentrierst du dich daher mehr auf die Sachebene in Gesprächen, kommunizierst du ebenfalls sachlicher und kannst dein Verhalten auch besser regulieren.

Übung: Kritik konstruktiv aufnehmen

Ich habe für dich nun eine kleine Übung, mit der du lernst, Kritik nicht sofort persönlich zu nehmen und dadurch die Kernaussage deines Gesprächspartners besser zu verstehen. Dazu brauchst du nicht erst einen Konflikt abzuwarten – du kannst die Übung auch ganz leicht im Alltag ausprobieren. Stelle dir bei jeder Aussage deines Gesprächspartners das 4-Ohren-Kommunikationsmodell vor und versuche anhand der vier verschiedenen Ebenen, seine Botschaft zu entschlüsseln. Nehmen wir beispielsweise eine ganz banale Aussage einer dir vertrauten Person: „Ich komme zu spät zur Arbeit!" Entschlüssele die Botschaft jetzt anhand der vier Kommunikationsebenen:

Aussage	*Ich komme zu spät zur Arbeit*
Sachebene	*Ich bin spät dran*
Beziehungsebene	*Du hältst mich davon ab, pünktlich zu sein*
Selbstoffenbarung	*Ich möchte nicht zu spät kommen*
Appell	*Halte mich nicht auf*

Es kommt jetzt darauf an, wie die Person dir diese Botschaft überbringt. Wie sieht ihre Körpersprache aus? Wendet sie sich komplett von dir ab oder winkt sie dir noch freundlich zu? Lächelt sie oder verdreht sie die Augen, wenn du mit ihr sprichst? Wie ist ihre Tonlage? Anhand dieser Faktoren kannst du erkennen, auf welcher Ebene sie mit dir spricht. Du solltest jedoch nicht sofort die Botschaft in die Beziehungsebene einordnen oder als Appell ansehen.

Viel sinnvoller ist es für dich, die Sachebene zu nutzen und vielleicht sogar noch die Selbstoffenbarung hinzuzuziehen. Die reine Information, die du von dieser Person erhältst, ist erst einmal, dass sie zu spät zur Arbeit kommt und nicht unpünktlich sein möchte. Mehr steckt in dieser Botschaft nicht drin. Erst die nonverbale Kommunikation, also Körpersprache, Mimik, Gestik und Tonlage verändern die Botschaft und können diese in die Beziehungsebene bringen.

Mache es dir zur Aufgabe, einen Tag lang nur die Sachebene und die Selbstoffenbarung zu erkennen. Blende die Beziehungsebene vollkommen aus – es sei denn, es handelt sich um ein wichtiges emotionales Gespräch, aber auch hier solltest du vorsichtshalber nachfragen, wie die Botschaften gemeint sind. Ein weiteres Beispiel zeigt dir, warum es manchmal besser ist, erst die Sachebene zu hören, anstatt Interpretationen der Beziehungsebene zuzulassen:

Aussage	Du siehst sehr krank aus
Sachebene	Du siehst krank aus
Beziehungsebene	Ich möchte keine kranke Person um mich haben
Selbstoffenbarung	Ich sorge mich um dich
Appell	Geh zum Arzt

Wenn du die Aussage jetzt über die Beziehungsebene entschlüsseln würdest, käme es ganz sicher zu einem Streit oder Ähnlichem. Du würdest die Botschaft also als Ablehnung auffassen, je nachdem, welche nonverbalen Signale die Person bei ihrer Kommunikation aussendet. Dabei möchte sie dich lediglich darauf hinweisen, dass mit deinem Körper etwas nicht stimmt. Sie sorgt sich also um dich und hat erkannt, dass es dir nicht gut geht. So sähe dein Gedankengang aus, wenn du die Botschaft mithilfe der Sachebene und Selbstoffenbarung entschlüsselt hättest.

Versuche, diese Übung so oft wie möglich anzuwenden. Irgendwann hast du die Sachebene so verinnerlicht, dass dich nichts und niemand mehr so schnell auf die Palme bringt. Achte auch darauf, dass du nicht ausschließlich über die Beziehungsebene kommunizierst, sondern auch deinem Gegenüber sachlich gegenübertrittst. Mit der richtigen Kommunikation kannst du deine Selbstregulation unterstützen und gleichzeitig achtsamer in Gesprächen agieren.

Selbstregulation in Beziehungen

Du als Mensch bist von Natur aus ein sehr soziales Wesen und benötigst Beziehungen und Interaktionen wie die Luft zum Atmen. Ohne Bezug zu anderen Menschen würdest du daher vereinsamen und die Fähigkeit verlieren, mit deiner Umwelt umzugehen. Nun weisen Beziehungen auch immer ein gewisses Konfliktpotenzial auf und dieses gilt es, bestmöglich zu bewältigen, damit die Beziehungen harmonisch fortbestehen können. Mit einer niedrig ausgeprägten Selbstregulation werden Verbindungen zu anderen Menschen immer wieder auf eine harte Probe gestellt. Gespräche können dadurch zu einer wahren Achterbahnfahrt der Gefühle werden und wenn die Selbstbeherrschung dann auf einem Tiefpunkt angekommen ist, folgt in vielen Beziehungen eine große Belastungsprobe.

Du hast bestimmt auch schon Menschen kennengelernt, die ihre Emotionen absolut nicht kontrollieren können und deshalb als schwierig angesehen werden. Vielleicht erkennst du dich selbst wieder und hast oft das Gefühl, dass deine Beziehungen wegen deiner mangelnden Selbstregulation ins Schwanken geraten? Fällt es dir wahnsinnig schwer, deine Reaktionen zu zügeln, und entstehen im Umgang mit deinen Mitmenschen deswegen häufiger Probleme? Dann kann deine Selbstregulation mitunter der Grund dafür sein, weshalb sich deine Beziehungen zu anderen Menschen verschlechtern.

Sich selbst zurückzunehmen und die eigenen Bedürfnisse für andere hinten anzustellen, kann kräftezehrend sein und dich extrem fordern. Das bringt dich natürlich an deine persönlichen Grenzen, und wenn du dich dann noch selbst regulieren musst, weil beispielsweise zu viele Reize auf dich einprasseln, kann eine Beziehung durch zu starke Gefühlsausbrüche in ihren Grundfesten erschüttert werden. Nicht immer wird dir dann genügend Verständnis von anderen Personen entgegengebracht, sodass du dich missverstanden und manchmal sogar einsam fühlst.

Wenn du an deiner Selbstregulation arbeiten möchtest, solltest du auch verstehen, warum Beziehungen im Leben eine echte Bereicherung sind und wie du diese für deine positive Entwicklung nutzen kannst. Mithilfe der Co-Regulation wird es dir gelingen, dich wieder zu sammeln und deinen Fokus auf das Wesentliche zu richten. Grundsätzlich solltest du natürlich lernen, dich selber zu regulieren, und die Arbeit nicht von einer anderen Person erledigen lassen, aber wenn du noch nicht so weit bist, ist es keine Schande, auf Hilfe zurückzugreifen. Im Gegenteil, du kannst von dieser einen Person vieles lernen und dir von ihr bestimmte Strategien zur Konfliktbewältigung abschauen.

Des Weiteren kann deine Bezugsperson dich in brenzligen Situationen erden und mithilfe von Körperkontakt, Empathie oder Trost zurück in deinen Normalzustand bringen. Du schaffst es, dich automatisch zu regulieren, weil dir jemand Vertrautes zur Seite steht und dir in deiner schwierigen Phase Halt gibt. Co-Regulation zeigt deutlich, wie wichtig die Verbindung zwischen zwei Menschen sein kann. Bist du mit deinen Problemen allein, fühlst du dich überfordert und verfällst vielleicht in eine Art Schockstarre, die es dir unmöglich macht, dich eigenhändig aus deiner Lage herauszubringen, kann eine dir tief verbundene Person dich schnell wieder aus deinem Loch herausholen und deinem Selbstvertrauen den nötigen Antrieb geben. Außerdem kann sie dir leichter die Augen öffnen und dich auf Verhaltensmuster und Defizite hinweisen, für die du mittlerweile blind geworden bist.

Du siehst also, dass für die Selbstregulation auch deine Beziehungen von großer Bedeutung sind. Wie sehr Beziehungen dein Verhalten beeinflussen und prägen können, schauen wir uns daher einmal genauer an.

EINE ECHTE MAMMUTAUFGABE?
WARUM BEZIEHUNGEN UNSERE
SELBSTREGULATION ERST SO RICHTIG
HERAUSFORDERN

Fakt ist: Soziale Beziehungen sind lebensnotwendig für die Entwicklung eines Menschen, denn sie sind immer lehrreich, egal, in welche Richtung sie sich entwickeln. Diese Beziehungen können aber auch ihre Tücken aufweisen, wenn zwei Personen sich nahestehen und zu unterschiedlichen Auffassungen kommen. Gewisse Reibungspunkte in Beziehungen sind völlig normal, weil zwei unterschiedliche Persönlichkeiten nicht immer derselben Meinung sind. Treffen verschiedene Sichtweisen, Werte oder Ziele aufeinander, können Konfrontationen entstehen, sodass eine Diskussion entfacht wird. Diese Reibungspunkte können während einer langjährigen Freundschaft genauso wie während einer Partnerschaft oder einer kurzfristigen Bekanntschaft.

Grundsätzlich ist das auch nicht schlecht, denn so werden Meinungen, Erfahrungen oder Ratschläge ausgetauscht, welche den Horizont der beteiligten Personen erweitern können. Wird die Diskussion respektvoll geführt und gehen die Gesprächspartner bei einem Konflikt Kompromisse ein, hat keiner der beiden Personen einen Grund, sich benachteiligt zu fühlen. Ergreift jetzt aber eine Person die Macht über das Gespräch, weil sie ihren Gegenüber abwertend behandelt oder seine Ansichten nicht respektiert, kann dieses Verhalten erhebliche Auswirkungen auf die Selbstregulation des Gesprächspartners haben. Wird er zusätzlich noch provoziert, verschärft sich die Lage zusehends, weil er seine Gefühle kontrollieren muss, um nicht in Rage zu geraten. Noch dazu fühlt sich dieser angegriffen und negative Emotionen können durch weiteres Einwirken verstärkt werden.

Besonders schlimm wird es, wenn sich ein Konflikt über einen längeren Zeitraum hinzieht, und eine Einigung in weiter Ferne liegt. Dies kann für beide Parteien zu einer großen Belastungsprobe werden und dauerhaft die Beziehung schädigen. Die Nerven liegen blank und die Fronten verhärten sich jeden Tag weiter. So kann es passieren, dass eine Person diesen Konflikt nicht mehr ertragen kann und beginnt, negative Verhaltensweisen zu entwickeln. Dies können zum Beispiel starke Gefühlsausbrüche sein oder verbale Attacken bis hin zu

Gewaltanwendungen. Konfrontationen sind immer ein direkter Angriff auf die eigene Selbstregulation und wenn diese Konfrontationen an Intensität zunehmen, ist es für viele Menschen nicht einfach, Ruhe zu bewahren. Der Konflikt kann dann schnell eskalieren, wenn sich einer der Gesprächspartner nicht mehr im Griff hat und die Beziehung durch das Fehlverhalten gestört wird.

Die Art der Beziehung zueinander ist deshalb besonders entscheidend dafür, wie Konflikte gelöst werden und ob die Selbstregulation funktionieren kann. Es kommt nämlich immer darauf an, ob Sympathien vorhanden sind oder nicht. Fehlen diese gänzlich, kann eine Auseinandersetzung schon durch kleinste Äußerungen hervorgerufen werden. Es genügt dann ein unbedachter Kommentar des Gegenübers, der damit eine Grenze überschreitet, und plötzlich ist die Selbstbeherrschung dahin. Du kennst diese Situationen sicherlich auch, wenn dir eine weniger sympathische Person ungefragt Tipps gibt oder dich kritisiert. Da könntest du an die Decke gehen und es reicht sogar nur ein falscher Blick dieser Person aus, um dich zu reizen. Und dabei wollte die Person dir vielleicht gar nicht zu nahe treten, sondern sich nur mit dir austauschen. Deine Wahrnehmung einer anderen Person ist ebenfalls ein wichtiger Faktor, der deine Gefühle beeinflusst. Das kannst du anhand eines Beispiels sehr gut feststellen:

Situation 1:

Nehmen wir einmal an, du sitzt im Bus und an der nächsten Station steigt eine ältere Dame hinzu. Du möchtest natürlich hilfsbereit sein und bietest ihr deinen Platz an. Sie lächelt dich an und bedankt sich bei dir. „Das ist sehr freundlich von Ihnen, vielen Dank!" Dabei stolpert sie und tritt dir aus Versehen auf deinen Fuß. Du hältst deinen Schmerz zurück und versuchst, dir nichts anmerken zu lassen. Sie entschuldigt sich bei dir und setzt sich auf deinen Platz. Trotz schmerzendem Fuß lächelst du sie an und fühlst dich gut dabei, einer älteren Dame geholfen zu haben. Dass sie dir dabei auf den Fuß getreten ist, ignorierst du einfach.

Situation 2:

Du stehst in einem überfüllten Bus und neben dir steht ein großer Mann, der sehr viel Platz für sich in Anspruch nimmt. Er benimmt sich rücksichtslos und tritt jedem, der neben ihm steht, auf die Füße, sobald der Bus nach einer Station wieder anfährt. Er entschuldigt sich bei keiner betroffenen Person und zeigt sich eher uneinsichtig, als er darauf hingewiesen wird. Du beobachtest die Situation

mit leichtem Groll und findest sein Verhalten unterirdisch. Beim nächsten An-
fahren tritt er auch dir auf die Füße und du kannst dir ein lautes „Aua, passen
Sie doch auf!" nicht verkneifen. Er reagiert überhaupt nicht und da platzt dir der
Kragen. Du beschimpfst ihn vor allen Anwesenden und steigerst dich in deine
Wut hinein.

Am Beispiel 1 kannst du gut erkennen, wie die Wahrnehmung einer Person großen Einfluss auf deine Selbstregulation hat. Du hast einen positiven Eindruck
von der älteren Dame und ihren Fehler siehst du nicht als Angriff an, weil sie
freundlich zu dir war. Die positive Interaktion mit der Dame verschafft ihr bei
dir eine gewisse Toleranz an Fehlern, die du ihr gestattest, ohne dass du auf
Konfrontationskurs gehen möchtest. Du hältst dich zurück und regulierst deine
negativen Emotionen selbstständig, sodass hier überhaupt keine Spannungen
entstehen können. Die Beziehung zu der älteren Dame war zwar nur sehr kurz,
aber dafür war sie ausschließlich von positiven Energien geprägt. In der zweiten
Situation allerdings lässt du dem Mann keinen Spielraum für Fehler, weil du
schon im Vorfeld ein schlechtes Bild von ihm bekommen hast. Deshalb bekommst du Schwierigkeiten mit deiner Selbstregulation und kannst dich nicht
beruhigen, sondern stufst jede Reaktion des Mannes als negativ ein. Eure Beziehung zueinander war also von negativer Natur.

Du siehst an den Beispielen, wie komplex Beziehungen sein können und
wie sie deine Selbstregulation regelmäßig herausfordern. Dabei müssen diese
Beziehungen nicht von langer Dauer sein. Du hast grundsätzlich zu jedem Menschen eine Beziehung, egal, ob du ihn sehr gut kennst oder ob ihr euch fremd
seid. Der Eindruck, den du von einer Person bekommst, sobald du dieser das
erste Mal begegnest, entscheidet darüber, wie sich eure Verbindung entwickeln
wird. Das kann sich im Laufe der Bekanntschaft aber immer und immer wieder
verändern, weil ihr gemeinsame Erfahrungen sammelt. Es liegt deshalb an dir,
wie du deine Mitmenschen wahrnimmst und ob du ihre Reaktionen und Handlungen als Angriff ansiehst. Mit dieser Erkenntnis kannst du dann an deiner
Selbstregulation arbeiten.

SOZIALES UMFELD – BEREICHERUNG ODER BELASTUNG?

Es gibt sie, diese Menschen, die einem ständig die Energie rauben oder sämtliche Triggerpunkte stimulieren können. Immer hast du das Gefühl, du kannst es ihnen nicht recht machen, egal, wie sehr du dich auch anstrengst. Nie sind sie zufrieden, denn sie finden immer einen Grund, dich zu kritisieren. Andererseits gibt es Menschen, die dich immer unterstützen, auch wenn du sie in der Vergangenheit nicht gut behandelt hast. Sie verurteilen dich nicht für deine Fehler und helfen dir trotz Differenzen aus deiner Krise heraus. Die Schwierigkeit liegt darin, deine Mitmenschen zu selektieren und dich nur auf die positiven Bezugspersonen zu beschränken.

Du sagst jetzt bestimmt: „Aber ich kann ja schlecht meine Familie, meine Freunde oder meine Kollegen aus meinem Leben entfernen!" Das ist so nicht ganz richtig – es geht darum, den Kontakt zur Negativität definitiv einzuschränken. Wenn du Kollegen hast, die dich regelmäßig reizen und dafür sorgen, dass du die Nerven verlierst, solltest du darüber nachdenken, diesen Personen auf der Arbeit aus dem Weg zu gehen. Ist das kaum möglich, denke nach: Kann auch ein Jobwechsel eine Option für dich sein? So auch in deiner Familie. Gibt es dort jemanden, mit dem du auf keinen grünen Zweig kommst, dann solltest du schleunigst darüber nachdenken, den Kontakt zu dieser Person einzuschränken. Du musst abwägen, ob du dich lieber mit Menschen umgeben möchtest, die dir guttun, oder mit Menschen, die dich tagtäglich provozieren und für deine Selbstregulation keine Hilfe sind.

Das hat weniger mit einer Vermeidungsstrategie zu tun, sondern vielmehr mit Selbstschutz und Achtsamkeit. Deine Seele wird es dir danken, wenn du dich hauptsächlich mit positiven Menschen umgibst. Zum einen ärgerst du dich weniger, zum anderen sind diese Energieräuber nicht förderlich für deine Persönlichkeitsentwicklung. Du beißt dir an diesen Personen buchstäblich die Zähne aus, weil du in ihren Augen sowieso nur Fehler machst. Deshalb sind die Menschen, die dich immer wieder aufbauen und an schweren Tagen zu dir stehen, Gold wert. Diesen solltest du auch deine volle Aufmerksamkeit schenken, anstatt deine Energie an negative Personen zu verschwenden. Du musst nicht Everybody's Darling werden, denn es wird immer Menschen geben, bei denen die Chemie einfach nicht stimmt, so sehr du dich auch anstrengen magst.

Überdenke daher genau, wen du in Zukunft in dein Leben hineinlassen möchtest und wen du lieber meidest. Realisiere, welche Menschen dich glücklich machen, und verbringe viel Zeit mit ihnen. Beachte, dass positives Denken und Handeln abfärben. Das ist ein Vorteil für dich und hilft dir, dich in die richtige Richtung zu entwickeln.

Die folgenden Punkte zeigen dir, wie du dich erfolgreich von Menschen distanzierst, die an deinen Kräften zehren, und wie du dich nur noch auf die wirklich wichtigen Menschen konzentrierst:

Vermeide Negativität

Der stetige Drang nach Aufmerksamkeit ist ein sicheres Zeichen für Menschen, die mit sich selbst nicht zufrieden sind. Daher versuchen sie, sich in den Vordergrund zu drängen, und lassen kaum andere Meinungen zu, die sich nicht mit ihren eigenen decken. Diese Personen lästern ohne Scham und führen laute Diskussionen, um immer im Gespräch zu sein. Noch dazu verbreiten sie ihre Negativität ohne Rücksicht und nutzen ihre Mitmenschen gnadenlos aus.

Wenn auch du solche Menschen in deiner Umgebung hast, ist es ratsam, diese bestmöglich zu ignorieren oder sogar ganz zu meiden. Häufig ist es schwer, denn diese negativen Menschen versuchen, sich mit allen Mitteln in dein Leben hineinzuschleusen. Dennoch ist hier die beste Taktik Distanz und eine gute Portion Ignoranz, um diesen Menschen einen Riegel vorzuschieben. Das kannst du durchsetzen, indem du nicht auf ihre Geschichten hereinfällst, dich komplett mit Informationen zurückhältst und einfach das Thema wechselst, wenn dieses sich in die falsche Richtung zu entwickeln droht. Das regt diese Personen nämlich wahnsinnig auf. Sobald sie merken, dass du kein Interesse mehr an ihren Geschichten hast, werden sie sich jemand anderen suchen, der auf ihre Eskapaden eingeht.

Gewöhne dir auch an, jegliche Themen und Reaktionen, die dich in irgendeiner Form belasten könnten, zu ignorieren. Halte dich nicht mit solchen Dingen auf und versuche, Emotionen so gut es geht für dich zu behalten, denn dann läufst du nicht Gefahr, dich in die Negativität reißen zu lassen. Im Laufe der Zeit überträgt sich deren Einstellung auf dich und sie beeinflussen deine Denkweise. Dazu kann ich dir auch ein gutes Beispiel aus meinem Bekanntenkreis geben:

Eine Bekannte von mir beispielsweise war Meisterin darin, anderen Menschen Selbstzweifel in den Kopf zu pflanzen. So auch bei mir. Keiner Idee, die ich hatte, konnte sie etwas Gutes abgewinnen. Ständig redete sie mir ein, ich würde mir utopische Ziele setzen und dass ich diese unmöglich erreichen könnte. Das ging Jahre so und ich fühlte mich in ihrer Nähe regelrecht unbehaglich, weil ich mich verstellen musste und sie mich nicht so akzeptierte, wie ich war. Die Folge ihrer unaufhörlichen Kritik war, dass ich selbst anfing, an mir zu zweifeln, und ihr sogar glaubte. Ich denke, das war auch ihre Intention, weil sie es nicht ertragen konnte, dass jemand anders mehr Erfolg oder innovativere Ideen hatte als sie. Darum tarnte sie ihre Äußerungen immer als Sorge, sodass ich anfangs gar nicht bemerkte, was wirklich dahintersteckte. Bis ich natürlich herausfand, dass sie sich bei all ihren Bekannten so benahm und möglichst viel von ihrem Gift versprühte. Ihr Verhalten machte mich natürlich wütend und traurig zugleich, denn sie löste in mir stets negative Emotionen aus und ich kannte jetzt ihre wahren Beweggründe. Ich zog also einen Schlussstrich und ließ mich überhaupt nicht mehr auf ihre Bedenken ein, sondern trat ihr selbstbewusst entgegen. Auch, wenn sie versuchte, mich wieder kleinzureden, hielt ich an meinem Standpunkt fest und ignorierte ihre Aussagen. Das half mir, meine Selbstzweifel zu verringern, und ich wurde mutiger in meinen Entscheidungen und meinem Verhalten. Schließlich war ich alt genug und niemand sollte mir meine Träume ausreden oder mir gar sagen, was ich zu tun oder zu lassen hatte. Erstaunlicherweise wurde ihre Kritik weniger und das mag auch daran gelegen haben, dass ich kaum noch mit ihr über mein Privatleben sprach. So hatte sie keinen Zugriff mehr auf meine Welt und konnte sich nicht einfach ein Urteil bilden. Es fühlte sich einfach befreiend an und ich nahm mir vor, mich von niemandem mehr bevormunden zu lassen, geschweige denn negative Gedanken zu übernehmen, die meinem Selbstbild schadeten. Im Nachhinein war ich wirklich froh darüber, mich von dieser toxischen Person zu distanzieren und nur noch oberflächlich Kontakt zu halten, denn sie konnte mich nun nicht mehr manipulieren. Mittlerweile regen mich negative Gespräche nicht mehr so schnell auf und ich habe gelernt, dass sich Verhalten spiegeln kann, so auch unsere Gedanken. Wenn ich mich also immer von diesen negativen Menschen beeinflussen lasse, werde ich irgendwann wie sie und das wollte ich auf keinen Fall.

Und genau das kannst auch du umsetzen. Durchleuchte deshalb deine Beziehungen und frage dich, welche Personen dich wirklich stärken und welche einfach nur Energieräuber sind. Schnell wirst du herausfinden, wer dich wirklich zu schätzen weiß und wer dich nur ausnutzen möchte.

Vertraue den richtigen Menschen

Ich gebe dir den Rat, dich mit deinen Gedanken und Geheimnissen zurückzuhalten und diesen nur Personen zu überlassen, von denen du weißt, dass sie für dich durchs Feuer gehen würden. Wieso? Wenn du blindlings jedem Menschen vertraust, wirst du häufiger enttäuscht werden, ganz besonders, wenn es Menschen sind, die du noch nicht so lange kennst oder die du in schwierigen Zeiten noch nicht erlebt hast. Sie können sich schnell als Fehlfreundschaft entpuppen und Informationen, die sie von dir erhalten haben, gegen dich verwenden. Sei darum vorsichtig, wem du vertraust, und lass nicht jeden Menschen in deine Gefühlswelt eintreten. Du schützt dich selbst mit diesem Vorgehen und läufst nicht Gefahr, dich von anderen abhängig zu machen. Wähle darum eine oder zwei Bezugspersonen aus, denen du dich anvertrauen kannst und bei denen du sicher gehen kannst, dass sie all deine Geheimnisse für sich behalten und dich durchgehend unterstützen werden. Bei mir ist es zum Beispiel meine Mutter, die meine tiefsten Überzeugungen und Gedanken kennt, ohne mich zu verurteilen. Ihr kann ich voll und ganz vertrauen und sie würde mich nie hintergehen. Das stärkt mein Selbstbewusstsein enorm, weil ich auf sie bauen kann und weiß, dass sie immer hinter mir steht, auch wenn ich völlig daneben liege. Gib deshalb nur ausgewählten Personen eine Eintrittskarte zu deinem inneren Ich und pflege diese Kontakte so gut du kannst. Du wirst sie brauchen und sie werden auch gerne für dich da sein, wenn du sie darum bittest.

Bis man zu einer Person Vertrauen aufgebaut hat, können Jahre vergehen, aber bei manchen Menschen weiß man binnen Minuten schon, ob sie vertrauenswürdig sind. Verlasse dich hier auf dein Bauchgefühl, dann kannst du absolut nichts falsch machen. Häufig zeigen dir diese Menschen schon früh durch ihre Einstellung oder ihr Verhalten, wie sie eigentlich sind. Beobachte auch, wie sie mit ihren Mitmenschen umgehen. Wenn ein Freund bei dir über einen anderen Freund lästert, warum sollte er dies nicht andersherum auch über dich tun? Denke darüber nach und schaue lieber zweimal hin, bevor du dich auf jemanden einlässt, der dich vielleicht nur ausnutzen möchte.

Überprüfe deine Beziehungen

Hast du dir schon einmal Gedanken darüber gemacht, ob es Beziehungen gibt, die dich nur herunterziehen? Jeder Moment mit dieser einen bestimmten Person fühlt sich falsch an, aber wir halten die Beziehung zu ihr trotzdem am Laufen. Meist geschieht dies nur aus Höflichkeit oder weil euch eine gemeinsame

Geschichte verbindet. Wir fühlen uns für diesen Menschen unbewusst verantwortlich oder möchten ihn nicht verletzen und behalten ihn somit noch weiter in unserem Leben. Doch eigentlich würden wir viel lieber den Kontakt abbrechen und uns wichtigeren Personen zuwenden, Personen, die uns das Gefühl geben, wichtig zu sein, und die uns nicht in eine Rolle drängen wollen. Manche Kontakte kann man sicherlich nicht so einfach abbrechen, denkst du jetzt, aber wer schreibt dir vor, dass du dies nicht kannst?

Egal, ob Familie, Freunde oder Arbeitskollegen, wenn sie dir nur die Energie rauben und dich dazu bringen, deine schlechten Seiten nach außen zu kehren, dann sortiere diese Menschen gnadenlos aus. Du bist nicht ihr Spielball und musst auch nicht nach deren Vorstellungen leben. Wenn dir dieser Vorschlag zu extrem erscheint, dann reduziere wenigstens den Kontakt zu ihnen. Es genügt schon, wenn du dich weniger bei diesen Personen meldest, denn so wirst du feststellen, wer wirklich an dich denkt und sich vielleicht nach deinem Wohlbefinden erkundigt. Von allen anderen Personen wirst du so schnell nichts zu hören bekommen, es sei denn, sie möchten etwas von dir. Nimm dir am besten vor, dich nur noch bei Menschen zu melden, die du gern hast, und du wirst sehen, wer es wirklich wert ist, dass du dir Zeit für ihn nimmst. Hast du deine wichtigsten Kontakte auserwählt, gib dir besonders viel Mühe, diese aufrechtzuerhalten. Sie sind absolut kostbar und du solltest ihnen auch regelmäßig zeigen, wie viel sie dir bedeuten.

Nein sagen

Du wirst nicht weniger gemocht, wenn du nicht jedem einen Gefallen erweist. Gewöhne dir ab, es allen recht machen zu wollen und deine Bedürfnisse zu vernachlässigen. Horche bei jeder Bitte in dich hinein und frage dich selbst, ob du wirklich bereit dazu bist, deinem Gegenüber zu helfen. Bist du es nicht, dann lehne freundlich ab oder verweise ihn auf einen anderen Zeitpunkt, an dem es dir besser passt. Du musst nicht sofort springen, wenn deine Mitmenschen es von dir verlangen.

Bist du zu großzügig, wirst du schnell ausgenutzt und verlierst dich selbst aus den Augen. Vor allem machst du dir noch mehr Druck, der dich wiederum bei deiner Selbstregulation stört und unerwünschtes Verhalten fördert. Versuche daher beim nächsten Mal, wenn dich jemand um einen Gefallen bittet, höflich abzulehnen und deine Bedürfnisse zu priorisieren. Das gilt im Privatleben genauso wie im Job. Mache deinen Standpunkt klar und setze deine persönlichen

Grenzen fest, die niemand überschreiten darf. Wenn dein Chef denkt, er könnte dich mit Arbeit überhäufen, sage ihm, dass dir das zu viel ist und du so nicht produktiv arbeiten kannst. Er solle sich dafür eine Lösung einfallen lassen oder die Aufgaben anders delegieren, damit du auch qualitativ gute Arbeit leisten kannst. Freunde und Bekannte kannst du in ihre Schranken weisen, wenn sie von dir gewisse Dinge voraussetzen, die du aber partout ablehnst. Wenn eine Freundin zum Beispiel von dir dauernd Unterstützung als Babysitterin möchte und dich dieser Umstand nervt, dann äußere deine Ansicht dazu und bitte sie freundlich, dich nicht als einzige Möglichkeit anzusehen. Du hast schließlich auch noch ein Privatleben, welches sonst zu kurz kommt. Ist deine Oma aufdringlich und steht jedes Wochenende unangekündigt vor deiner Tür, mache sie darauf aufmerksam, dass ihr Verhalten nicht in Ordnung ist und sie mit dir Termine ausmachen soll. Ansonsten bleibt die Türe eben zu. Du merkst also, worauf ich hinaus will. Lerne, „Nein" zu sagen, bleibe dabei aber stets freundlich und bestimmt zugleich. Die richtigen Personen in deinem Leben werden deine Meinung akzeptieren und dir keine Vorwürfe machen. Die Falschen hingegen werden sich einfach nicht mehr bei dir melden oder trotzdem versuchen, dich zu überreden. Daran kannst du erkennen, ob sie dir positiv gestimmt oder nur auf ihre eigenen Vorteile bedacht sind. Wenn du lernst, „Nein" zu sagen, vermeidest du auch unnötige Konflikte, weil du vielleicht den Anforderungen nicht gerecht wirst. Kurz gesagt, wenn du dich nicht wiederholt für dein Umfeld aufopferst, hast du mehr Zeit für dich und kannst dich um dein Wohlbefinden kümmern. Seien wir mal ehrlich, wie oft ertappst du dich dabei, dass du dich um fremde Angelegenheiten kümmerst und letztendlich dafür die Quittung bekommst? Hast du es nicht satt, dich für dein Umfeld zu verausgaben und dadurch vor Stress und Überforderung aus dem Gleichgewicht zu geraten? Genau damit ist ab sofort Schluss, denn du entscheidest, wem du helfen möchtest und wem nicht.

Konzentriere dich auf dich selbst

Bist du manchmal zu sehr damit beschäftigt, alles unter einen Hut zu bekommen, und fokussierst dich nicht auf dich, sondern auf andere Menschen? Das kann durchaus fatale Folgen für deine Psyche haben, denn dabei vergisst du einen ganz wichtigen Punkt – die Selbstliebe.

Du brauchst die Möglichkeit, abzuschalten und dich ganz nach deinen Wünschen zu richten, ohne Fremdeinwirkung. Du bist für dich der wichtigste Mensch, das solltest du nicht vergessen. Niemand anders kann dich besser motivieren und auf andere Gedanken bringen als du selbst. Kreisen die Gedanken nur um andere Personen, im schlimmsten Fall sind diese sogar von toxischer Natur, wirst du dich selbst verlieren und dich fremdbestimmt fühlen. Es ist äußerst wichtig für deine Gesundheit, dass du dich mehr auf dich konzentrierst, anstatt dich stetig für andere zu verausgaben. Kümmere dich nicht darum, was andere Menschen tun, und vergleiche dich auch nicht mit ihnen.

Es macht wenig Sinn, sich mit anderen zu messen, weil du ganz andere Vorstellungen von deinem Leben hast. Diese darfst du dir auch von niemandem ausreden lassen, sondern du solltest dich darauf konzentrieren, wie du deine Ziele erreichen willst. Du bist für dich selbst verantwortlich und schaffst den Rahmen für Entscheidungen, die dir absolut keiner abnehmen kann. Ein paar kleine Tipps können dir dabei helfen, dass du wieder lernst, dich auf dich selbst zu konzentrieren:

- Stecke dir klare Ziele. Formuliere für dich ein ganz bestimmtes Vorgehen und halte dich an deine eigenen Vorgaben. Lass dich nicht beeinflussen oder entmutigen, denn du wirst schon wissen, was das Beste für dich ist.

- Mithilfe von Visualisierungen kannst du dir dein eigenes Leben so gestalten, wie du es für richtig hältst. Wenn du fest an Erfolg glaubst, wirst du mit großer Wahrscheinlichkeit auch recht behalten. Deine innere Einstellung kann viel bewirken und dir zu mehr Zufriedenheit verhelfen.

- Finde deine Stärken und Schwächen heraus. Wenn du weißt, was du verändern willst, kommst du deinen Zielen viel näher und kannst leichter dafür eintreten. Sei hierbei besonders ehrlich zu dir selbst und gib dir regelmäßig Feedback, damit du etwas verändern kannst.

- Achtsam mit dem eigenen Körper umzugehen, ist besonders wichtig, wenn du dich gerade in einer Weiterentwicklungsphase befindest. Du benötigst viel mehr Energie und bist anfälliger für negative Reize. Achte deshalb auf eine gesunde Ernährung, viel Bewegung und genügend Auszeiten, damit dein Körper die Möglichkeit bekommt, Stress abzubauen. Das reduziert auch das Risiko für Anspannungen, die du im Laufe des Tages angesammelt hast.

- Akzeptiere all die Dinge, die du nicht ändern kannst, und verschwende deine Energie nicht dafür, nach Lösungen zu suchen. Wenn du erst einmal verstanden hast, dass du nicht jedes Problem in der Welt angehen musst, wirst du viel entspannter werden und dich auf dich selbst konzentrieren können. Du musst nicht immer die Kontrolle behalten und kannst auch einfach mal den Lauf der Dinge beobachten, dann wirst du klarer sehen können.

- Plane mindestens eine Stunde am Tag ein, die nur für deine Bedürfnisse reserviert ist. Setze dich bewusst hin und meditiere, koche dir dein Lieblingsgericht, lies ein Buch oder lass die Seele baumeln, während du in den Himmel schaust. Zeit mit sich selbst verbringen zu können, ist Balsam für die Seele und kann dir dabei helfen, herauszufinden, wer du wirklich bist.

WIE UNS BEZIEHUNGEN FORMEN

Deine Mutter war bereits vor deiner Geburt die erste Person, zu der du eine tiefe und innige Beziehung aufbauen konntest. Sie trug dich neun Monate in ihrem Bauch und schon im Mutterleib konnte dich ihre Stimme positiv beeinflussen. So haben später ihr Geruch und ihre Nähe Wohlbehagen bei dir ausgelöst und du wusstest, dir konnte nichts geschehen, wenn sie bei dir war. Dazu kam dann noch dein Vater, der ebenfalls zu deinen engsten Bezugspersonen gehörte, weil er neben deiner Mutter stets für dich da war. Diese Beziehungen sind mitunter auch heute noch die wichtigsten in deinem Leben und haben sehr großen Einfluss auf den weiteren Verlauf deiner Entwicklung, selbst jetzt noch im Erwachsenenalter. Die Erfahrungen, die du in deiner Kindheit sammeln konntest, sind verantwortlich für deine jetzige Persönlichkeit. Das heißt, wenn du als Kind wohlbehütet und mit viel Verständnis aufgezogen worden bist, hast du als Erwachsener, mit hoher Wahrscheinlichkeit, weniger Probleme mit deiner Selbstregulation. Jede Beziehung, die du in deinem Leben eingehst, formt dich zu dem Menschen, der du am Ende bist. Die Personen, die mit dir eine Verbindung aufbauen, weisen dir indirekt deinen Weg, denn du lernst viel über soziale Interaktionen dazu. Wie bereits erwähnt, wirst du als Kind anhand der Co-Regulation von deinen Eltern angeleitet. Sie geben dir die entsprechenden Basics mit auf den Weg, damit du als Erwachsener bestehen kannst. Unter anderem lernst du von ihnen, deine Gefühle anzunehmen, dich selbst zu akzeptieren und auftretende Defizite zu korrigieren. Deine Erziehung prägt einen Großteil deines Lebens, denn deine Eltern möchten dir helfen, dass du selbstständig und selbstbewusst wirst. Dabei haben sie immer ein offenes Ohr für dich, trösten dich nach einer Niederlage, aber sorgen auch dafür, dass du deinen Mut wiederfindest.

Mit den Jahren wird deine Selbstregulation immer besser, sie kann jedoch durch gewisse Umstände wieder abnehmen. Durch Krisen, Traumata oder soziale Schwierigkeiten kann es durchaus sein, dass du gereizter bist und deshalb deine Emotionen schwerer zügeln kannst. Warst du sonst ein ausgeglichener

Mensch, kann dich eine toxische Beziehung beispielsweise komplett in deinen Verhaltensweisen verändern. Entwickelt sich aus dieser Beziehung bei dir oder deinem Partner eine soziale Abhängigkeit, ist das für beide Seiten nicht sonderlich erfüllend. Ein Partner bleibt mit seinen Bedürfnissen immer auf der Strecke, weil er sich für den anderen aufopfern muss. Der andere durchlebt vielleicht Ängste und möchte vom Partner besonders viel Unterstützung bekommen, welche für den Partner anstrengend und aufwendig sein kann. Durch seine Frustrationen können aufgestaute Emotionen irgendwann explosionsartig nach draußen wollen.

Die Selbstregulation kann dann durch diese zusätzliche Belastung ins Schwanken geraten und es kommt zu Konflikten. Nicht nur die Erwartungen des eigenen Partners können dich massiv beeinträchtigen, sondern auch die Erwartungen deines Umfelds. Vielleicht fühlst du dich in deinem Handeln und Denken auch so sehr eingeschränkt, dass du nur noch den Drang hast, aus deiner Welt auszubrechen. Der Druck der Gesellschaft kann schon viel an deiner Selbstregulation verändern, auch wenn du von deinen Eltern gut vorbereitet wurdest.

Die Frage ist: Wer willst du sein und was möchtest du nach außen hin vermitteln? Denn allzu oft wirst du mit Klischees, Rollenbildern oder sozialen Erwartungen konfrontiert, die du vielleicht nicht erfüllen kannst oder möchtest. Das kann bei dir zu innerlichen Spannungen führen und deine Person nachhaltig formen. Wenn du zum Beispiel als Kind davon überzeugt warst, dass du als Erwachsener berühmt und erfolgreich wirst, dir aber ständig das Gegenteil eingeredet wurde, führt dies bei dir entweder zu einer Abwehrhaltung oder zur Akzeptanz der Lage. Beide Szenarien können dabei negative Gefühle hervorrufen, die dich überfordern und deine Selbstbeherrschung auf eine harte Probe stellen.

Es ist nur natürlich, wenn du dich deshalb traurig, missverstanden oder ungeliebt fühlst, denn jeder Mensch braucht genügend Zuwendung und Bestätigung, damit er sich wohlfühlen kann. Wiederholen sich solche Situationen und erfährst du immer wieder Ablehnung oder deine Meinung wird nicht ernst genommen, findet im Kopf ein Umdenken statt, welches negative Auswirkungen auf dein Verhalten haben kann. So kann es passieren, dass du plötzlich aufbrausend wirst, weil du einfach genug von deinen Mitmenschen hast. Ebenso kann es dir passieren, dass du introvertierter wirst und deine Sorgen nicht mehr mit anderen teilst. Vielleicht flüchtest du dich auch in eine eigene Welt und schottest dich weitestgehend ab, da du keine Kritik von außen mehr an dich heranlassen willst. All diese Möglichkeiten können vorkommen und zeigen nur, wie sehr dich dein soziales Umfeld prägen kann. Es muss also nicht immer zwangsweise an der eigenen Kindheit liegen, dass deine Selbstregulation schwindet. Um dich vor dem Einfluss der Außenwelt zu schützen, gibt es eigentlich nur einen Ausweg: Du musst dein Selbstbewusstsein stärken und lernen, für dich selbst einzustehen. Dabei ist es völlig egal, wie andere Menschen über dich denken oder was sie von dir erwarten. Letztendlich zählt nur, dass du mit dir selbst im Reinen bist, dann kannst du auch deine Selbstregulation verbessern und mehr auf dich achten. Ich habe dir dafür ein paar Anregungen und Übungen zusammengestellt, die dein Selbstbewusstsein stärken und dir zeigen sollen, warum nur du über dein Leben entscheiden solltest:

Tipps für mehr Selbstbewusstsein

- Es gibt höchstwahrscheinlich Situationen, die du ganz bewusst vermeidest, weil du weißt, wie du auf diese reagieren wirst. Du hast also Angst davor, weil du vielleicht die Beherrschung verlieren könntest oder dein Körper mit unerwünschten Symptomen reagiert, wie zum Beispiel unkontrollierbares Zittern deiner Hände. Du willst heraus aus dieser Spirale und endlich etwas verändern, deshalb solltest du dich in jedem Fall deinen Ängsten und Befürchtungen stellen. Nimm dir vor, mutig und entschlossen jede Aufgabe anzugehen, die noch vor dir liegt und bei der du sonst einen Rückzieher machen würdest. Warst du dann erfolgreich, wirst du viel mehr Selbstvertrauen entwickeln und auch selbstbewusster werden. Noch dazu fühlst du dich stärker und dir kann dann nichts mehr so schnell etwas anhaben. Das ist dann ein großes Plus für deine Selbstregulation.

- Fehler sind menschlich und kein Weltuntergang. Sei deshalb nicht so streng mit dir selbst und verzeihe dir auch mal einen kleinen Fauxpas, denn das kann jedem mal passieren. Schließlich wirst du dein ganzes Leben lang dazulernen müssen und es kommt darauf an, wie du mit diesen Fehlern umgehst. Machst du dich selbst fertig oder spornst du dich lieber zu neuen Höchstleistungen an? Die zweite Variante hilft dir, deine Fehler zu überdenken und dich stetig zu verbessern. Wenn du deine Schwächen kennst und akzeptierst, wirst du auch eher geeignete Lösungen finden. Zudem wirft dich nichts mehr so schnell aus der Bahn und du kannst besser mit Kritik von außen umgehen.

- Nimm deine Fehler mit Humor. Über sich selbst zu lachen, kann sehr befreiend wirken und jede angespannte Situation wieder auflockern. Gab es einen Tag, an dem du dich ziemlich danebenbenommen hast, dann erinnere dich vielleicht an deine witzigsten Momente und schon fällt dir das Lachen wieder leichter.

Eine gute Portion Humor macht dich authentischer und zeigt auch, dass du dich selbst nicht so ernst nimmst. Deine Mitmenschen werden dann auch dein gesteigertes Selbstbewusstsein bemerken, weil du zu dir selbst stehst.

• Ich kann immer wieder betonen, wie wichtig deine eigene Körpersprache ist. Sie spiegelt deine innersten Gedanken und Emotionen wider und es ist schwer, diese zu verbergen, es sei denn, du trainierst deine Gestik, Mimik, Betonung und deine Körperhaltung. Es ist nicht nur so, dass du mit einer gegensätzlichen Körpersprache Missverständnisse auslösen kannst, sondern du verstärkst durch eine negative Haltung noch deine eigene Wahrnehmung. Stelle dich vor einen Spiegel und beobachte deine Körperhaltung, deine Gestik und auch deine Mimik. Korrigiere deine Schultern nach hinten und mache dich nicht klein, indem du deinen Kopf nach unten richtest. Zeige, dass du da bist, und stelle dich aufrecht hin. Schaue dir dann direkt in die Augen und betrachte dein Gesicht: Wie fühlt sich diese Haltung für dich an? Wirken deine Gesichtszüge freundlicher? Und wie sieht es aus, wenn du die alte Haltung wieder annimmst? Merkst du einen Unterschied? Was gefällt dir an der neuen Haltung besser? Hinterfrage dein gesamtes Auftreten und beobachte dich auch in Stresssituationen. Meistens zeigt dein Körper noch einmal ganz andere Verhaltensweisen und vielleicht erwischst du dich selbst dabei, wenn du wieder einmal den Kopf hängen lässt. Eine positive Körpersprache macht dich selbstbewusster und zeigt, dass du alles im Griff hast. Versuche, öfter zu lächeln, denn das kann sogar dafür sorgen, dass es dir an schlechten Tagen schlagartig wieder besser geht. Mache dir ein Bild über deine Gestik und lausche deiner eigenen Stimme: Wie kannst du deine Stimme freundlicher einsetzen und gleichzeitig dafür sorgen, dass du ernst genommen wirst? Klingst du verzweifelt oder doch eher souverän? Wenn du verstehst, was eine selbstbewusste Körpersprache ausmacht, wirst du diese auch für deine Selbstregulation gut nutzen können.

WIE BEZIEHUNGEN SELBSTREGULATION FÖRDERN ODER HEMMEN

Wenn wir uns nun fragen, wie eine Beziehungsstruktur aufgebaut sein muss, damit diese einen positiven Effekt auf die Selbstregulation hat, müssen wir zunächst die Faktoren analysieren, die eine gute Beziehung ausmachen. Stell dir selbst einmal vor, wie für dich eine nahezu perfekte Beziehung aussehen sollte: Welche Eigenschaften sollten beide Personen haben, damit diese Verbindung zu einer Weiterentwicklung beider Seiten führen kann? Gibt es sogar eine

Hierarchie oder sind beide Beziehungspartner gleichgestellt? Wie sieht der konkrete Umgang mit Konflikten und Herausforderungen aus?

Wenn du dich intensiv mit diesen Fragen beschäftigst, dann weißt du auch, was du von deinem Gegenüber erwartest und auch selbst bereit bist, in die Beziehung zu investieren. Eine konkrete Vorstellung zu haben, wie Beziehungen deiner Meinung nach funktionieren sollten, ist für dich sehr hilfreich. Du lernst, dich selbst zu hinterfragen, und findest deine persönlichen Werte heraus, was dir wiederum Enttäuschungen erspart, denn du kannst aufgrund deiner Erkenntnisse alle unpassenden Beziehungen für dich ausklammern. Schauen wir uns daher die Faktoren genauer an, die für Beziehungen förderlich oder aber eher hemmend sind:

Welche Faktoren wirken fördernd?

- Trotz aller Gegensätze sollte zwischen den Beziehungspartnern immer eine Ausgeglichenheit herrschen und beide Personen sollten auf derselben Stufe stehen. Ergänzen sich beide Personen mit ihren jeweiligen Stärken und Schwächen, bringt dieser Aspekt sehr viel Ruhe und Sicherheit in die Beziehung.

- Ein respektvolles Miteinander sollte selbstverständlich sein. Keiner darf den anderen abwertend behandeln oder sogar verändern wollen. Die Individualität des jeweils anderen zu akzeptieren, sollte sehr ernst genommen werden.

- Sympathien sollten ebenfalls vorhanden sein, denn sonst ist eine vernünftige Beziehung kaum möglich. Freundschaften und Partnerschaften können ohne Sympathien gar nicht erst entstehen.

- Beide Personen sind bereit, für die Beziehung zu kämpfen und an dieser zu arbeiten, wenn es mal zu Schwierigkeiten kommt.

- Interessen spielen immer eine große Rolle bei funktionierenden Beziehungen, damit das Zusammengehörigkeitsgefühl gestärkt wird. Außerdem möchten beide Personen dann gerne Zeit miteinander verbringen und sich über ihre Gemeinsamkeiten austauschen.

- Die Kommunikation in einer Beziehung muss stimmen und sollte auf Augenhöhe geführt werden, damit sich beide Personen wertgeschätzt und respektiert fühlen.

- Spaß und Humor sind wichtige Punkte und dürfen in keiner Beziehung fehlen.

- Befindet sich eine der Personen in einer Art Machtstellung, wird die Beziehung dauerhaft gestört und es kann zu Manipulation kommen.

- Starke emotionale Ausbrüche, verbale Erniedrigungen oder Gewalt sind der Tod für eine harmonische Beziehung und überschreiten die Grenzen des Gegenübers massiv, weshalb sich dieser dann lieber abwendet.

- Findet ein erheblicher Vertrauensbruch statt, kann dies eine Beziehung schnell ruinieren und diese ist nicht mehr so einfach zu reparieren.

- Negativität in jeglicher Hinsicht vergrault irgendwann jeden Menschen, da kann das Band, welches einen verbindet, noch so stark sein.

- Besteht kaum bis gar kein Interesse an den gegenseitigen Bedürfnissen, wird es schwierig, die Beziehung noch aufrechtzuerhalten.

- Narzissmus kann immense Folgen haben und auf Dauer die Verbindung zwischen zwei Menschen schädigen. Meistens werden Beziehungen deswegen komplett auf Eis gelegt, weil sich die Person, die manipuliert wurde, lieber komplett distanzieren möchte.

- Wiederkehrende Streitereien und viele Konflikte über Kleinigkeiten sind nicht förderlich. Sie bringen negative Energien in die Beziehung und verursachen nur Stress.

SOMATISCHE SPIEGELUNG DES GEGENÜBERS

Ist dir schon einmal aufgefallen, dass du automatisch die Haltung deines Gesprächspartners übernommen hast? Kam es vor, dass du die Mimik oder Gestik deines Gegenübers gespiegelt hast? Oder hast du dir vielleicht schlechte Angewohnheiten abgeschaut, die dir sonst gar nicht eingefallen wären? Dieses Phänomen geschieht sehr häufig, ohne dass du es überhaupt merkst.

Die somatische Spiegelung bezeichnet einen Vorgang in der Psychologie, bei der eine Person das Verhalten und die körperlichen Merkmale einer anderen Person komplett übernimmt. Sie spiegelt dabei Emotionen, Handlungen, Körpersprache, aber auch die Ausführung schlechter Angewohnheiten wider. Die schlechte Laune eines anderen Menschen kann sich beispielsweise auf dich übertragen, obwohl du vorher gar keinen Grund dafür hattest. Wenn dein Partner den ganzen Tag nörgelnd um dich herumläuft, kann es sein, dass du sein Verhalten urplötzlich übernimmst, weil er dich unbewusst damit beeinflusst hat. Du verhältst dich dann genau wie er und nörgelst ebenfalls. Wenn sich Verhalten spiegelt, dann hat das damit zu tun, dass du beim Gegenüber deine eigenen Eigenschaften oder Defizite erkennst. Deshalb ist die somatische Spiegelung ein häufiger Grund, weshalb eine niedrige Selbstregulation auch auf andere Menschen abfärben kann.

Diesen Umstand kann man bei Kindern gut beobachten, wenn diese das Verhalten ihrer Eltern nachahmen. Wenn du als Kind immer nur angeschrien worden bist, weil deine Eltern nie gelernt haben, sich selbst zu regulieren, dann übernimmst du natürlich deren Verhalten und spiegelst es, indem du zurückschreist. Sie fühlen sich dann in dem Moment vollkommen überrumpelt, weil sie ihr eigenes Verhalten von dir gezeigt bekommen. Du spiegelst ihren Gefühlsausbruch, was entweder dafür sorgt, dass sie ihr Verhalten überdenken oder dieses verstärken. Nahezu jeder Mensch greift auf die somatische Spiegelung zurück, was auch nicht schlimm ist. Seit es Menschen gibt, haben diese das Bedürfnis nach Zusammengehörigkeit und Symmetrie. Sie können also gar nicht anders. Wenn diese Spiegelung jedoch überhandnimmt, weil die betroffene Person sich selbst nicht mehr wahrnimmt und nur noch fremdbestimmt handelt, muss über professionelle Hilfe nachgedacht werden, weil vielleicht ein tiefgründigeres Problem vorliegt. So kann beispielsweise eine psychische Erkrankung wie eine Borderline-Störung vorliegen. Aufpassen solltest du auch, wenn du es mit Personen zu tun hast, die sich als manipulativ herausstellen, denn diese nutzen die somatische Spiegelung geschickt, um ihre Ziele zu erreichen. Dabei setzen sie die Spiegelung gekonnt ein, um dein Vertrauen zu gewinnen und sich Sympathien zu erschleichen. Du siehst also, dass das Spiegeln von Verhaltensweisen eine große Macht besitzt und du deswegen deine Reaktionen und Handlungen besonders gut im Blick haben solltest. Erwischst du dich dennoch dabei, dass du fremdbestimmt handelst und noch dazu die negativen Seiten deines Gegenübers übernommen hast, versuche, dich daraus zu lösen, indem du deinen Fokus auf etwas anderes lenkst. Zum Beispiel kannst du im Kopf dein Lieblingslied singen oder einfach das Thema wechseln. Du kannst auch die Perspektive verändern, indem du dich fragst, wie dich dein Gegenüber in diesem Moment wahrnimmt. Dann kannst du dein Verhalten schnell wieder korrigieren und dich darauf konzentrieren, wie du dich darstellen möchtest, anstatt dein Gegenüber zu kopieren.

AUF DEM PRÜFSTAND – WER HILFT MIR UND WER SCHADET MIR?

In diesem Kapitel ging es jetzt vorrangig um die Wirkungsweisen von Beziehungen und darum, wie diese dein Verhalten beeinflussen können. Jetzt ist es an der Zeit für dich, herauszufinden, welche deiner Beziehungen dich unbewusst steuern und welches Verhalten deiner Mitmenschen einen negativen Einfluss auf dich ausübt. Stelle dir dazu selbst ein paar Fragen und prüfe jede Beziehung eingehend auf ihre Notwendigkeit. Nur so kannst du in Erfahrung bringen, ob dich diese Verbindungen weiterbringen oder hemmen. Vielleicht bist du auch ein Opfer von Manipulation geworden und hast es bis dato nie bemerkt, sodass deine Selbstregulation regelrecht ausgereizt wurde, bis du dich nicht mehr unter Kontrolle hattest. Das kannst du in Zukunft vermeiden, wenn du deine Beziehungen auf Herz und Nieren prüfst.

Natürlich ist das kein Garant dafür, dass du keine Enttäuschungen mehr erleben wirst, aber du kannst diese erheblich reduzieren, wenn du dich nur noch mit den richtigen Menschen umgibst. Außerdem kannst du versuchen, das Verhalten deiner Mitmenschen hinsichtlich Fehlern zu analysieren. Das gibt dir die Möglichkeit, zu erkennen, wie du auf gar keinen Fall sein möchtest. Vor allem solltest du dir darüber im Klaren werden, dass du ein eigenständiger Mensch bist, der selbst entscheiden kann, mit wem er sozial interagiert. Du musst keine Beziehungen aufrechterhalten, die dir schaden oder dich in falsche Bahnen lenken. Merke dir daher, dass du von jeder Person, die in dein Leben tritt, etwas lernen kannst, und wenn es nur minimale Erkenntnisse sind. Folgende Fragen helfen dir dabei, den Wert der Verbindungen einschätzen zu können:

- Macht mich diese Beziehung glücklich?
- Wie stehe ich zu diesem Menschen?
- Welche Gefühle verbinde ich mit dieser Beziehung?
- Gibt es Spannungen oder unlösbare Konflikte?
- Ist das Interesse für die Beziehung bei beiden Personen vorhanden?
- Wie viel bedeutet mir dieser Mensch?
- Verbringe ich gerne Zeit mit diesem Menschen? Wenn ja, warum?

- Wie behandelt ihr euch gegenseitig?

- Hat mich die Beziehung nachhaltig verändert? Wenn ja, hat sie mich in positiver oder negativer Weise verändert?

- Wohin führt diese Beziehung?

- Ist die Beziehung gescheitert und wenn ja, woran?

- Kann die Beziehung noch gerettet werden? Wenn ja, welche Möglichkeiten gibt es?

- Möchte ich mich von dieser Beziehung lösen?

Die Arbeit mit meinem Geist

FOKUS & SELBSTREGULATION

Du solltest jetzt ganz besonders an dich denken, wenn du mit deiner Selbstregulation Frieden schließen möchtest. Sich dabei auf sich selbst zu konzentrieren, kann für dich etwas ungewohnt sein, weil du sicherlich deinen Verpflichtungen nachkommen und niemanden enttäuschen möchtest. Das wird aber alles nebensächlich, wenn du dich selbst aus den Augen verlierst und deine Seele überforderst. Schnell verfällst du dann wieder in alte Muster und hast das Gefühl, dass du auf der Stelle trittst. Eine Auszeit für dich und deinen Geist einzulegen, wird dir daher helfen, dich und deine Emotionen besser wahrzunehmen. Hierfür gibt es eine Vielzahl an Techniken und Ideen, die du ausprobieren kannst, um dich zu erden und den Fokus wieder auf das Wesentliche zu richten. In diesem Kapitel beschäftigen wir uns deshalb mit Entspannungs- und Konzentrationsübungen, die deinen Geist und deinen Körper wieder miteinander verbinden und die Balance in dir wiederherstellen. Diese Methoden kannst du hervorragend zwischendurch anwenden oder dir pro Tag ein Zeitfenster dafür reservieren. Je häufiger du diese anwendest, desto eher kannst du sie in notwendigen Situationen abrufen. Du lernst außerdem, auf deine Bedürfnisse zu achten – Bedürfnisse, die du vorher vielleicht kaum wahrgenommen hast. Ein achtsamer Umgang mit dir selbst sollte für dich selbstverständlich werden, denn sonst kannst du keine Fortschritte bezüglich deiner Selbstregulation erwarten. Alles hängt miteinander zusammen und nur du kannst entscheiden, etwas an deinem Verhalten und an deiner Einstellung zu verändern. Dafür musst du aber zuerst ein Bewusstsein entwickeln, denn erst dann kannst du diesen Stresssituationen entgegenwirken und geeignete Maßnahmen ergreifen. Das Trainieren deiner Wahrnehmung ist also die Voraussetzung für Veränderungen und kann dir aufzeigen, wo deine Schwächen und auch wo deine Stärken liegen. Mit diesem Wissen kannst du dein volles Potenzial ausschöpfen und es werden sich dir vielleicht völlig neue Wege erschließen. Im Folgenden findest du einige Methoden, die dir helfen werden, deinen Kopf freizumachen und dich zu fördern.

SICH MEDITATIV FOKUSSIEREN – SO GEHT'S

Viele Menschen wenden Meditation an, um sich selbst wieder zu spüren, zur Ruhe zu kommen oder aber Neues über die eigene Persönlichkeit zu lernen. Man kennt Meditationen aus dem Fernsehen, aus Lifestyle-Zeitschriften, aus Selbsthilfebüchern, aus dem Yogakurs oder einfach aus dem Bekanntenkreis, weil das Meditieren gerade zum regelrechten Trend geworden ist. Eigentlich wird Meditation schon seit Jahrtausenden in der fernöstlichen Welt praktiziert und erst um das 20. Jahrhundert herum gelangte die traditionelle Praxis des Hinduismus und Buddhismus in die westlichen Länder. Das Ziel der Meditation lag hauptsächlich auf der Befreiung des Geistes, der Selbstfindung und der Erleuchtung – alles hochrangige Werte für die Spiritualität des Praktizierenden, wobei es auch hier unterschiedliche Lehren und Praktiken gab, aber grundsätzlich konnte man gewisse Parallelen entdecken.

Vor allem in der westlichen Welt wird Meditation heute eher deswegen angewandt, um sich zu fokussieren und dem Körper Entspannung zu verschaffen sowie die „innere Stimme" wiederzufinden. Meditation ist daher eine großartige Strategie zur Entspannung und für die eigene Achtsamkeit. Du fragst dich jetzt bestimmt, warum ausgerechnet Meditieren dir bei deiner Selbstregulation helfen soll. Meditation ist eine Form der Selbstergründung und Fokussierung. Sie kann die Konzentration dauerhaft verbessern und dir dazu verhelfen, dich intensiver mit deinem Unterbewusstsein auseinanderzusetzen. Da gerade Selbstregulation durch tief sitzende Emotionen gesteuert wird, kannst du mithilfe von Meditation diese Emotionen ergründen. Es gibt verschiedene Arten der Meditation, welche unterschiedliche Ziele verfolgen. Einige findest du hier aufgeführt:

Klassische Meditation

Bei dieser Meditation, welche zu den ältesten Formen der buddhistischen Meditationen gehört, versucht man, sich dem eigenen Geist zu öffnen und eine völlig neue Weltanschauung zu erreichen. Sie wird auch Metta-Meditation genannt und bedeutet übersetzt etwa *Güte, Freundschaft* oder auch *Freundlichkeit.* Die Merkmale dieser Meditation sind unter anderem Atemmeditationen, das völlige In-sich-Ruhen, kurze Mantras und wohlwollende Energie gegenüber anderen Menschen. Sie ist für Anfänger geeignet und kann besonders gut praktiziert werden, um Entspannung im ganzen Körper zu erlangen.

Konzentrative Meditation

Wie der Name dieser Meditationstechnik schon verrät, geht es hier primär um die Konzentration auf ein bestimmtes Objekt. Die Aufmerksamkeit wird komplett auf einen Gegenstand, die Atmung oder ein bestimmtes Bild gerichtet und es wird versucht, so lange wie möglich nicht mit den eigenen Gedanken abzuschweifen. Durch die erhöhte Konzentration werden störende Gedanken vertrieben und der Körper versetzt sich automatisch in den Ruhezustand. Diese Meditation eignet sich sehr gut für zwischendurch und kann überall angewendet werden, vor allem, wenn akuter Bedarf besteht.

Transzendentale Meditation

Durch ein Mantra, welches während der Meditation konstant wiederholt wird, taucht man in die Tiefen seines Unterbewusstseins und alle Gedanken verschwinden. Die transzendentale Meditation kann zwar allein durchgeführt werden, jedoch empfiehlt es sich, einen Lehrer hinzuzuziehen, um diese Technik zu perfektionieren. Von diesem wird das persönliche Mantra überbracht und die Meditation von Anfang bis Ende überwacht. Während der Meditation tritt der Körper in eine tiefe Entspannungsphase ein, die einem Trancezustand gleicht.

Analytische Meditation

Bei dieser Meditation wird die Aufmerksamkeit nicht etwa auf ein Objekt gerichtet, sondern die Gedanken werden auf ein gerade präsentes Thema fokussiert. Im Kopf können so Fragen ausformuliert werden, mit denen das Unterbewusstsein konfrontiert ist. Sie eignet sich, um Probleme zu durchleuchten und Lösungsansätze zu finden. Es empfiehlt sich, vorher die konzentrative Meditation zu üben, damit man zur analytischen Meditation übergehen kann.

Geführte Meditation

Es ist auch möglich, eine Meditation online über bestimmte Plattformen abzuhalten. Diese werden meist anhand eines Videos oder einer Audiodatei zur Verfügung gestellt. Die praktizierende Person wird Schritt für Schritt durch die Meditation geführt und kann so leicht in die Entspannung gelangen. Natürlich kann man auch einen entsprechenden Kurs besuchen, bei dem die Teilnehmer mithilfe eines Coaches während der Meditation angeleitet werden. Für Anfänger ist diese Art der Meditation besonders gut geeignet, da sie einen leichten Einstieg bietet.

Wir wollen uns, passend zur Selbstregulation, hier jedoch nur auf die konzentrative und analytische Meditation beschränken, da diese speziell auf die Steigerung der Konzentration ausgelegt sind. Die konzentrative Meditation kann einzeln praktiziert werden oder als Vorbereitung auf die analytische Meditation dienen. Natürlich steht es dir frei, auch andere Varianten der Meditation auszuprobieren, denn vielleicht hilft dir diese eher, deinem Ich näherzukommen. Alle Methoden, die einen positiven Einfluss auf dein Wohlbefinden haben, sind geeignet und du bestimmst, was sich für dich gut anfühlt.

Die Übungen, die jetzt folgen, kannst du zu jeder Zeit anwenden und sie sind besonders leicht durchführbar. Wenn du noch keine Erfahrung mit Meditationen hast, kannst du auch auf eine geführte Meditation zurückgreifen. Du findest im Internet zahlreiche Videos, die dich bei der konzentrativen oder analytischen Meditation unterstützen können. Nur solltest du diese irgendwann auch selbstständig durchführen können, weil du ja auf deine persönlichen Umstände eingehen und nicht immer auf eine vorgefertigte Meditation zurückgreifen möchtest. Ich wünsche dir bei der Umsetzung viel Erfolg und hoffe, dass diese Übungen eine Bereicherung für dich sein werden.

Kurze Meditationsübungen zum Einstieg

Übung 1: Die konzentrative Meditation

1. Ziehe dich in eine ruhige und reizarme Umgebung zurück. Gib auch deinen Mitmenschen Bescheid, dass du für einen gewissen Zeitraum deine völlige Ruhe brauchst, sodass diese dich nicht in deiner Meditation unterbrechen. Du kannst dir dafür auch einen Timer stellen, damit du weißt, wann deine Meditation beendet ist – wobei du hier auch nach Gefühl gehen kannst. Trotzdem solltest du dich für den Anfang nicht überfordern und mit fünf bis zehn Minuten starten. Später kannst du die Zeiten verlängern, wenn du etwas mehr Übung darin hast und sich deine Konzentration merklich verbessert hat.

2. Du kannst die Meditation im Sitzen oder aber auch im Liegen durchführen. Du solltest nur darauf achten, dass du nicht dabei einschläfst, deshalb ist die Sitzhaltung immer noch die beste Wahl. Bedenke, dass sich deine Körpertemperatur während der Meditation etwas absenkt und du daher für eine angenehme Raumtemperatur sorgen solltest. Sonst kann es dir schnell zu ungemütlich werden und deine Meditation würde gestört werden. Setze dich, wenn du magst, in einen Schneidersitz und lege die Hände ganz locker auf deinen Beinen ab.

3. Schließe die Augen und atme ganz tief ein und aus. Spüre, wie dein Atem durch jede einzelne Faser deines Körpers fließt. Werde dir bewusst, dass du atmest, und darüber, wie sich deine Atmung anfühlt. Deine Atmung sollte anfangs etwas kraftvoller sein, da so dein Körper mit zusätzlichem Sauerstoff versorgt wird. Nach ungefähr dreimal tiefem Ein- und Ausatmen solltest du ganz entspannt weiteratmen. Du spürst, wie deine Atmung ganz automatisch weiterläuft, ohne dass du groß darüber nachdenken musst.

4. Lenke deine Aufmerksamkeit nun auf einen Bereich deines Körpers, der von der Atmung beeinflusst wird: Das kann zum Beispiel dein Bauch, dein Brustkorb oder dein Kopf sein. Nimm jede Bewegung und jedes Gefühl ganz bewusst wahr. Du wirst vielleicht bemerken, dass sich die Luft, die du ausatmest, wärmer anfühlt als die Luft, die du einatmest. Konzentriere dich jetzt nur noch darauf, wie sich deine Atmung anfühlt und wie sie in dich hinein- und wieder herausströmt.

5. Sobald du mit deinen Gedanken abschweifst, ist das kein Zeichen, dass du etwas falsch machst. Das ist sogar ganz gut, weil du dies rechtzeitig bemerkt hast. Richte deine Konzentration einfach wieder auf deine Atmung und achte darauf, dass du dich nicht zu sehr anspannst, weil du krampfhaft versuchst, dich zu fokussieren. Das kann schnell passieren, deshalb überprüfe

zwischendurch immer mal deine Körperhaltung und deine Mimik, denn letztere kann sich ganz schnell in einen angestrengten Gesichtsausdruck verwandeln. Du solltest am ganzen Körper entspannt sein und überhaupt keinen Druck verspüren.

6. Hast du anfangs noch etwas Schwierigkeiten damit, die Konzentration aufrechtzuerhalten, kannst du deinen Atemfluss auch in Gedanken mit den Worten „Ein" und „Aus" begleiten. Das hilft meist sehr gut, bei der Sache zu bleiben und sich nicht durch aufkeimende Gedanken ablenken zu lassen.

7. Ungefähr nach zehn bis fünfzehn Minuten atmest du noch einmal tief ein und aus und beendest die Meditation, indem du ganz langsam die Augen öffnest und deine Gliedmaßen wie eine Katze von dir streckst. Du solltest jetzt spürbar erholter und ruhiger sein. Im Anschluss an die konzentrative Meditation kannst du natürlich auch mit der analytischen Meditation fortfahren.

Übung 2: Die analytische Meditation

1. Überlege dir vor der Meditation, welches Thema du genauer behandeln möchtest. Das kann ein Charakterzug sein, den du gerne verändern möchtest, oder eine allgemeine Situation, die dich belastet. Welches Thema dich auch beschäftigt, die Hauptsache ist, du hast ein paar Fragen auf dem Herzen, die du dir selbst stellen möchtest. Wenn du noch nicht so geübt mit der analytischen Meditation bist, dann notiere dir vor der Meditation die wichtigsten drei Fragen, zu denen du eine Antwort finden möchtest.

2. Schließe die Augen und konzentriere dich nun wieder auf deine Atmung wie bei der Meditation zuvor. Lasse deine Atmung ruhig durch deinen Körper fließen, bis du dich losgelöst und entspannt fühlst.

3. Beginne dann damit, dir in Gedanken deine Fragen zu stellen. Sei dabei aber nicht zu vorschnell, sondern betrachte jede Frage bis ins kleinste Detail. Es kommt nicht darauf an, möglichst schnell eine passende Antwort zu finden, sondern darauf, sich ausgiebig mit dem Sachverhalt auseinanderzusetzen. Höre in dich hinein und warte darauf, was dir deine innere Stimme mitteilen möchte. Mit Sicherheit wirst du viele tiefgründige Antworten bekommen und zu neuen Erkenntnissen gelangen.

4. Stelle dir allerdings nicht zu viele Fragen, denn damit überforderst du deinen Geist und das ist hier nicht das Ziel. Beschränke dich lieber auf ausgewählte Fragen, die dir Aufschluss über dich selbst geben, und nutze keine Fragen, die man mal eben mit „Ja" oder „Nein" beantworten kann. Das ergibt wenig Sinn, da du ja etwas über dich selbst erfahren möchtest. Beispiele für sinnvolle Fragen können sein:

- Was genau belastet mich?
- Was war der Grund für meine Veränderung?
- Welches Ereignis bereitet mir Kummer und warum?
- Welche Probleme haben sich ergeben?
- Welche Lehren kann ich daraus ziehen?
- Welche Gefühle verbinde ich mit dem Thema?
- Was kann ich zur Verbesserung der Situation beitragen?
- Wie sieht mein derzeitiger Gemütszustand aus?
- Wie sehen meine Zukunftswünsche aus?

5. Hast du genügend Eindrücke gesammelt, dann bleibe noch einen Augenblick ruhig sitzen. Atme noch einmal tief ein und aus. Danach beendest du die Meditation und bedankst dich bei dir selbst. Zum Schluss kannst du zur Lockerung deines Körpers noch ein paar kleine Dehnübungen machen.

KONZENTRATION: MIT INNEREN BILDERN ZU MEHR ERFOLG

Unter Konzentration versteht man die willentliche Aufrechterhaltung der Aufmerksamkeit, die sich auf ein verfolgtes Ziel bezieht. Aus dem Lateinischen übersetzt bedeutet „concentra" etwa so viel wie „gebündelt zum Mittelpunkt". Genau dies ist auch der Sinn der Konzentration, Gedanken möglichst so zusammenzufassen, dass diese nur noch auf ein bestimmtes Thema gelenkt werden. Damit deine Selbstregulation gut funktioniert, brauchst du die Fähigkeit, dich zu konzentrieren und alle störenden Faktoren auszublenden. Du darfst dich also nicht in negative Energien hineinsteigern oder dich sogar vom Optimismus abbringen lassen. Doch was genau bedeutet Konzentration eigentlich und wie kannst du diese beibehalten, ganz besonders, wenn es dir nicht immer leichtfällt? Störende Einflüsse, wie Ablenkungen durch Medien, werden hierbei konsequent ausgeblendet und nicht weiterverfolgt. Ziel ist es, eine Aufgabe vorn anzustellen und diese zu vollenden. Allerdings kann die Konzentration schnell nachlassen, wenn sie über einen längeren Zeitraum aufrechterhalten werden muss oder durch negative Emotionen beeinflusst wird.

Hinderlich sind auch Schlafdefizite, eine ungünstige Ernährungsform, körperliche Beeinträchtigungen sowie Ablenkungen durch mediale Faktoren, etwa durch das Klingeln eines Telefons. Wenn sich der Mensch einer ungeliebten Aufgabe gegenübersieht, kann die Konzentration äußerst schwer gelingen, da die Gedanken immer wieder abschweifen und sich amüsanteren Dingen zuwenden möchten. Konzentration kann jedoch trainiert werden und dir helfen, deine Emotionen und Gedanken zu sammeln oder sogar bestimmte Bilder in deinem Kopf abzurufen. Diese Visualisierungen können dazu beitragen, dass du deine Konzentration beibehältst und dich in eine positive Richtung bewegst, welche wiederum für die Konzentration ausschlaggebend ist. Wenn du so richtig wütend bist, kannst du dich überhaupt nicht auf eine Sache konzentrieren, weil deine Gedanken überall sind, nur nicht da, wo sie sein sollten. Durch das Fokussieren auf gewisse bildhafte Vorstellungen lenkst du deine Emotionen wieder auf das Wesentliche und förderst deine Konzentration. Selbstbeherrschung bei Konflikten bedarf einer sehr hohen Konzentration, da hier sehr viele Gefühle im Spiel sind, die überhandnehmen können. Sich währenddessen zu sammeln und auf eine sachliche Kommunikation zu achten, ist eine hohe geistige Anstrengung, die erlernbar ist. Du kannst deine Konzentration mithilfe kleiner Übungen immer und überall trainieren. Das Hauptaugenmerk sollte dabei auf der bildlichen Vorstellungskraft liegen, denn diese hat die Macht, dich sofort aus unkontrollierbarem Verhalten herauszuholen.

Ich persönlich habe mir eine ganz einfache Konzentrationstechnik angewöhnt, die ich immer nutze, sobald ich Ärger verspüre. Dabei greife ich auch auf Visualisierungen zurück und stelle mir von der Seite gesehen eine Welle vor, die sich in Richtung Strand auf das Wasser zubewegt – keine tsunamiartige, sondern eine kleine plätschernde Welle, die im Sonnenlicht glitzert. Die Welle ist in meinen Gedanken schon so verfestigt, dass ich das Bild jederzeit abrufen kann, wenn ich es brauche. So komme ich aus negativen Gedanken heraus und stoppe das Bedürfnis, meinen Ärger herauszubrüllen. Außerdem wirkt es auf mich wahnsinnig beruhigend, der Welle dabei zuzusehen, wie sie mit einer beachtlichen Geschwindigkeit einen Strudel formt und auf die Wasseroberfläche aufschlägt. Teilweise habe ich sogar das Meeresrauschen im Kopf und freue mich sogar darüber, dass ich eine so wunderschöne Visualisierung zustande bekomme. Schnell habe ich dann einen entspannten Zustand erreicht, der es mir ermöglicht, mich zu fokussieren. Wenn du aber jetzt sagst, dass du dich für Visualisierungen noch nicht bereit fühlst und extreme Probleme hast, dich zu konzentrieren, empfehle ich dir, mit kleinen Konzentrationsübungen anzufangen. Du kannst dich mit jedem Mal steigern und schon bald wird es dir gelingen, mithilfe von visuellen Konzentrationstechniken deine Selbstregulation positiv zu beeinflussen. Effektive Konzentrationsübungen, die du jeden Tag anwenden kannst, sind zum Beispiel:

Einen längeren Text auf dem Kopf lesen

Die Schwierigkeit besteht hier natürlich darin, den Text problemlos zu lesen und den Inhalt nachzuvollziehen. Das ist mitunter eine wirklich kniffelige Übung, denn wir sind es gewohnt, von links nach rechts zu lesen. Texte werden häufig schnell überflogen, sodass die Kernaussage kaum aufgenommen wird. Wenn du aber einen Text auf den Kopf stellst, musst du dich besonders auf ihn konzentrieren. Du trainierst mit dieser Übung dein Gehirn auf einer völlig neuen Ebene und es macht auch noch viel Spaß.

Ein Puzzle zusammensetzen

Ein klassisches Puzzle kann deine Konzentration auf Hochtouren bringen. Je mehr Puzzleteile du zusammensetzen musst, desto stärker wird deine Aufmerksamkeit gefordert. Für manche Menschen haben Puzzle etwas Meditatives, denn man kann damit super abschalten und sich aus dem stressigen Alltag flüchten. Die Umgebung wird dabei komplett ausgeblendet und zusätzlich kann man damit noch seine Konzentration trainieren.

Kleine Rechenübungen

Wirklich tolle Konzentrationsübungen sind kleine Rechenaufgaben, die du nebenbei in der Bahn, beim Spazierengehen oder im Wartezimmer beim Arzt ausprobieren kannst. Du kannst auch Zahlenfolgen zusammenrechnen, die du unterwegs wahrnimmst. Werde kreativ und denke dir ganz schwierige Aufgaben aus, die du im Kopf lösen musst. Zusätzlich kannst du die Zahlen in Gedanken visualisieren und dir vorstellen, wie sie vor deinem inneren Auge umhertanzen.

Bilder- oder Wörter-Reihenfolgen merken

Wann immer du gerade Zeit hast, kannst du dir eine Folge von Bildern oder Wörtern einprägen. Das kannst du ganz leicht im Kopf durchgehen oder du fertigst kleine Karten an, auf welche du zurückgreifst. Mische dir die Karten jedes Mal aufs Neue durch und versuche, dir die Reihenfolge einzuprägen. Das schult dein Erinnerungsvermögen und du musst dich sehr stark dafür konzentrieren. Fortgeschrittene erzählen aus den vorhandenen Bildern und Worten sogar kleine Geschichten. Du kannst es auch noch schwerer gestalten und versuchen, dir beliebige Zahlenreihenfolgen zu merken. Du kannst auch Bilder mit Wörtern und Zahlen mischen, Hauptsache, du bringst etwas Abwechslung hinein und steigerst die Schwierigkeitsstufe.

Konzentration auf einen Gegenstand lenken

Schließe die Augen und stelle dir einen speziellen Gegenstand vor, den du im Geiste von allen Seiten betrachtest: Wie sieht dieser Gegenstand aus? Welche Farbe hat er? Wie ist seine Beschaffenheit? Wie wird er verwendet und wobei? Du kannst dir anstatt eines Gegenstandes auch eine Situation oder eine Szenerie vorstellen, die du visuell bis ins kleinste Detail ausschmückst. Beispielsweise kannst du dir eine Urlaubslandschaft oder eine Fantasiewelt vorstellen, die du noch nie besucht hast. Wichtig ist nur, dass du diese Landschaft noch nie gesehen hast und dir quasi eine eigene Welt mithilfe deiner Vorstellungskraft erschaffst. Du musst dich für diese Aufgabe stark konzentrieren können und ich empfehle dir, dich für ein optimales Ergebnis in eine ruhige Umgebung zurückzuziehen.

Eine Geschichte ausdenken

Eine weitere Konzentrationsübung, bei der es um Visualisierung geht, ist das Erfinden einer eigenen Geschichte. Wenn dir selbst kaum etwas dazu einfällt, kannst du auch einfach auf vorhandene Geschichten aus Filmen und Serien zurückgreifen, die du weitererzählst. Schließe dafür wieder die Augen und denke dir komplexe Szenen aus. Du steigerst nicht nur deine Konzentration, sondern förderst zudem deine Kreativität.

Allgemeine Konzentrationstipps

Für deine Konzentration spielen so viele Faktoren eine entscheidende Rolle. Du kannst diese mithilfe von ganz simplen Maßnahmen zusätzlich steigern:

- Körperliche Betätigung unterstützt nicht nur dein Gehirn dabei, produktiver zu werden, sondern löst auch Anspannungen aus deinem Körper, die deine Aufmerksamkeit stören. Du kannst kleine Sporteinheiten in deinen Alltag integrieren oder mit einem ausgiebigen Spaziergang an der frischen Luft deinen grauen Zellen Gutes tun. Jede Bewegung ist ein zusätzlicher Motivationsschub für deinen Körper, der dir hilft, Stress zu minimieren und deine Konzentrationsfähigkeit zu verbessern.

- Achte auf deine Gesundheit und sorge für eine ausgewogene Ernährung und Flüssigkeitszufuhr. Die Signale deines Körpers sind wichtig und du solltest auch dafür Sorge tragen, dass deine Bedürfnisse wie Hunger und Durst befriedigt sind. Sie können dich ebenfalls unkonzentrierter werden lassen.

- Verabschiede dich vom Multitasking und nimm dir nur eine Aufgabe vor, die du beenden möchtest. Verfahre so in jeder Situation deines Lebens und richte deinen Fokus nur auf eine bestimmte Sache, dann übst du weniger Druck auf dich selbst aus und wirst höchstwahrscheinlich auch bessere Ergebnisse erzielen. Lieber eine Aufgabe mit voller Konzentration erledigen, anstatt diese halbherzig anzugehen, weil du versuchst, alles gleichzeitig zu schaffen.

- Achte darauf, dass du dir zwischendurch Ruhephasen gönnst. Manchmal braucht man nicht nur vom Job eine kleine Auszeit, sondern auch vom Privatleben. Dein Gehirn braucht ab und zu eine kleine Pause, um alle Eindrücke zu verarbeiten sowie produktiv zu sein. Deshalb ziehe dich zurück, sobald du merkst, dass du überreizt bist, und kümmere dich um dein Wohlbefinden.

VISUALISIERUNGEN FÜR MEHR UMSETZUNG & ACTION

Wenn du dir in Gedanken etwas bildhaft vorstellst, dann wird diese Form der Konzentration Visualisierung genannt. Das bewusste Erstellen innerer Bilder kann dir bei deiner Motivation, deinen Zielen und deiner Lebenseinstellung behilflich sein. Jeder Mensch ist dazu in der Lage, Visualisierungen anzuwenden, und hat sicherlich schon mehrmals täglich auf diese zurückgegriffen. Träume gehören ebenfalls zur Visualisierung, allerdings unterscheidet man hier das unbewusste Träumen im Schlaf – auf welches man keinen Einfluss hat – und das Tagträumen, bei dem das Bewusstsein jederzeit eingreifen kann.

Die Visualisierung ist ein hochkomplexer Vorgang im Kopf, der Gedanken fließen und diese zu einer imaginären Vorstellung heranwachsen lässt. Hierbei entstehen Bilder, die man dafür nutzen kann, seine eigene Realität zu erschaffen. Sportler nutzen beispielsweise die Visualisierung dazu, um sich auf ihre Wettkämpfe vorzubereiten. Dabei gehen sie in Gedanken wiederholt ihre zukünftigen Handlungen durch und bekommen so eine bessere Körperkontrolle. Auch im Alltag kann das Visualisieren dazu beitragen, die Wirklichkeit mithilfe des Verstandes zu steuern. Denn alles, was du dir im Unterbewusstsein vorstellst, wird mit großer Wahrscheinlichkeit auch irgendwann eintreten, wenn du so dein Verhalten kontrollierst. Du hast es also selbst in der Hand, wie du dir dein Leben gestaltest. Doch wie genau funktioniert nun eigentlich Visualisieren und was hat es für Vorteile?

Genauer betrachtet bedient sich die Visualisierung der eigenen Vorstellungskraft und erzeugt im Gehirn lebhafte Bilder, die durch Inhalte aus dem eigenen Leben wiedergegeben werden. Die Verarbeitung von Informationen im Gehirn geht schneller und besser voran, wenn es sich um bildhafte Beispiele handelt. Beide Gehirnhälften arbeiten in der Regel getrennt voneinander und deswegen werden visuelle Informationen in zwei Arten unterteilt: das aufmerksame Sehen und das unmittelbare Sehen. Letzteres realisiert die Einfachheit der Gegenstände, also den Istzustand, ohne jegliche Wahrnehmung, etwa, wenn du einen Baum siehst und weißt, dass es ein Baum ist. Du assoziierst nichts mit dem Baum, sondern stellst nur seine Existenz fest. Beim aufmerksamen Sehen treten jedoch auch Gefühle hinzu und du betrachtest den Baum in seiner Gesamtheit. Du nimmst seine Bewegungen, seine Ausstrahlung und seine Bedeutung wahr. Du gehst intuitiv vor und verbindest mit diesem Baum eine bestimmte Erfahrung. Somit hast du das Bild des Baumes analysiert und ihn visualisiert. Deine beiden Gehirnhälften arbeiten folglich beim Visualisieren zusammen und verknüpfen bestimmte Assoziationen mit den vorhandenen Daten. So hast du auch beim Lesen eines Buches ein ganz bestimmtes Bild der Charaktere vor Augen oder kannst die Wiese in Gedanken nicht nur sehen, sondern auch spüren und riechen. Du erweckst also diese Informationen mithilfe deiner Vorstellungskraft zum Leben.

Wie kann dir das Visualisieren also im Alltag weiterhelfen? Die Erklärung dazu ist relativ simpel. Wünsche und Ziele, die du gerne umsetzen möchtest, können nur Bestand haben, wenn du bereit bist, daran zu glauben, dass du sie erreichen kannst. Ein Wunsch, der nur in deinem Kopf existiert und auf den du nicht aktiv hinarbeitest, wird niemals von allein in Erfüllung gehen. Ein Ziel zu erreichen, ohne jeglichen Aufwand zu betreiben, ist nahezu unmöglich. Das bedeutet, du musst schon mithilfe deiner Vorstellungskraft auf den Erfolg hinarbeiten. Die Visualisierung kann dich zum Umdenken bewegen und dir genau vor Augen führen, wo du hinmöchtest. Sie dient dazu, deine Wünsche greifbar zu machen, und weiterzuverfolgen. Ein Beispiel wäre, wenn du dir wünschst, abzunehmen, aber deinen Körper in der Zukunft immer nur so siehst, wie er jetzt ist, und nicht, wie er aussehen könnte. Dabei brauchst du auch eine klare Vorstellung von der Umsetzung, hast du diese nicht, wirst du dich nicht verändern können und deine Essgewohnheiten beibehalten. Du gelangst demnach nicht an dein Ziel und deine Frustration wächst weiter. Nutzt du allerdings die Visualisierung und stellst dir detailliert vor, wie du deine Ernährung umstellst, Sport treibst und am Ende dein Wunschgewicht bekommst, hat dies positive Auswirkungen auf deine jetzige Motivation. Du wirst dich aufraffen und etwas für deinen Erfolg tun, weil du ein klares Bild vor Augen hast.

Die Visualisierung kannst du auf alle Bereiche deines Lebens anwenden und sie hilft dir dabei, deine Konzentration zu fördern, dir innere Ruhe zu verschaffen und deinen Weg nicht aus den Augen zu verlieren. Sie ist ein starkes psychologisches Werkzeug, mit welcher du dein gesamtes Denken umstrukturieren kannst. Zudem stärkt sie auch dein Selbstbewusstsein und du lernst, dich auf die wichtigen Aspekte deiner Persönlichkeit zu fokussieren. So ist es auch möglich, Dinge, die in der Zukunft geschehen, durch dein eigenes Verhalten in positive Bahnen zu lenken. Dazu brauchst du dir nur vorzustellen, wie deine Zukunft aussehen soll und was du dafür tun kannst.

Damit du auch weißt, wie du Visualisierungen im Alltag anwenden kannst, habe ich ein paar kleine Übungen für dich vorbereitet. Diese Übungen sollen dir helfen, deine Vorstellungskraft zu schulen und deine Konzentrationsfähigkeit aufrechtzuerhalten. Zudem sollen sie dich dazu anspornen, aktiv zu werden, und dir zeigen, wie du diese nicht nur allgemein, sondern auch in Bezug auf deine Selbstregulation anwenden kannst.

Übung 1) Körperliche Knoten lösen

Wenn du gestresst bist und nach der Arbeit zur Ruhe finden möchtest, kannst du dir überall in deinem Körper kleine Knoten vorstellen, die du lösen musst. Diese Übung lässt sich besonders gut im Liegen praktizieren und du solltest möglichst ungestört dabei sein. Schließe die Augen und beginne bei deinen Füßen. Spüre die Verspannung in deinen Füßen, die durch einen großen Knoten zustande gekommen ist. Nun musst du diesen Knoten in Gedanken Stück für Stück lösen. Hast du den Knoten gelockert, wirfst du ihn gedanklich fort. Wenn du den Knoten beseitigt hast, nimm dir weitere Bereiche deines Körpers vor und verfahre weiter so. Du kannst diese Übung auch nutzen, wenn du verärgert bist und dich regulieren möchtest.

Übung 2) Gefühlen eine Farbe zuordnen

Nimm eine bequeme Sitzhaltung ein und schließe die Augen. Atme tief ein und aus. Horche jetzt in dich hinein und versuche, deiner Stimmung eine Farbe zuzuordnen. Ist die Farbe ein leuchtendes Gelb, weil du dich ausgeglichen und glücklich fühlst, oder geht sie eher in die Richtung Grau, weil du derzeit traurig bist? Du kannst deine Gefühle mithilfe der Farben steuern, indem du dir vorstellst, wie sich eine für dich bedrückende Farbe in ein strahlendes Leuchten verwandelt.

Übung 3) Mindmap erstellen

Visualisieren muss nicht zwangsweise im Kopf geschehen, sondern du kannst deine Gedanken auch auf Papier ausdrücken und sie so greifbar machen. Nimm dir ein Thema vor, welches dir auf dem Herzen liegt, und befasse dich ausgiebig damit. Dazu schreibst du das Thema in die Mitte eines Blattes und notierst dir alle Gedanken dazu, die du mit kleinen Abzweigungen darstellst. Es ist dabei völlig egal, ob ein Gedanke, den du notierst, Sinn ergibt oder vom eigentlichen Thema ablenkt. Hauptsache, du leerst deinen Kopf und führst ein kleines Brainstorming aus. Dazu schreibst du dir auch alle möglichen Probleme und Lösungen auf, die dir einfallen, so absurd diese auch sein mögen. Du kannst das Mindmap auch bildlich darstellen, indem du deine Gedanken aufzeichnest.

Übung 4) Ruhetier visualisieren

Bist du aufgebracht und hast das Gefühl, kurz vor einer Explosion zu stehen? Dann kannst du diese Übung gut gebrauchen. Entferne dich zunächst aus der kritischen Situation und suche einen ruhigen Raum auf, wie etwa das Badezimmer oder ein Zimmer, welches du abschließen kannst.

Atme zuallererst tief ein und aus. Konzentriere dich nur auf deine Atmung und schließe deine Augen. Denke nun an dein Lieblingstier und versuche, es dir so detailliert wie möglich vor Augen zu führen: Wie sieht dieses Tier in seinem Ruhezustand aus? Wie sind seine Bewegungen? Stelle dir auch vor, welche Geräusche es von sich gibt, wenn es sich wohlfühlt. Bei einer Katze kann es das beruhigende Schnurren sein, bei einem Vogel leises Zwitschern oder bei einem Hund das Hecheln. Streichle in Gedanken dein persönliches Ruhetier und nimm das Gefühl wahr, welches dein Tier in dir auslöst. Stelle dir ein festes Band vor, welches euch beide verbindet. Dein Ruhetier sendet dir dann über dieses Band positive Energie, sobald du es berührst. Nach dieser Übung fühlst du dich auf jeden Fall stressfreier und bekommst wieder einen klaren Kopf.

ATEMÜBUNG FÜR INNERE KONTROLLE

Deine Atmung kann in vielen Übungen unterstützend wirken, aber auch eine reine Atemübung hat einen großen Einfluss auf deinen Körper. Die Atmung ist lebensnotwendig und die Luft, die du einatmest, ist für viele Funktionen in deinem Körper verantwortlich. Ohne ausreichend Sauerstoff könnten deine Organe nicht mehr richtig funktionieren. Im alltäglichen Leben läuft die Atmung nebenher, ohne dass du dieser wirklich Beachtung schenkst. Hierbei kann es passieren, dass du deine Atmung nicht richtig einsetzt und es zu gewissen Störungen in deinen kognitiven Fähigkeiten kommt. Sauerstoffmangel kann zur Folge haben, dass du dich nicht konzentrieren kannst, dein Erinnerungsvermögen nachlässt und du innere Unruhe verspürst.

Du kannst dem mit gezielten Atemtechniken entgegenwirken und neu lernen, deine Atmung richtig einzusetzen. Vor allem, wenn du an deiner inneren Haltung arbeiten möchtest, können dir diese Techniken behilflich sein, weil sie deine Lebensqualität fördern. In der Medizin werden Atemübungen genutzt, um bei bestimmten Erkrankungen wie Asthma oder Bronchitis Linderung zu verschaffen. Du kannst mit einer bewussten Steuerung deines Atems dafür sorgen, dass du dich von allen Spannungen loslöst. Bewusstes Atmen hat dabei etwas ganz Meditatives und beruhigt jede Zelle deines Körpers, sodass du dich auf deine Ziele fokussieren kannst. Für jeden Bereich gibt es passende Atemübungen, die auf unterschiedliche Weise angewendet werden und einen anderen Nutzen haben. Ich stelle dir drei beliebte und nützliche Atemtechniken vor, die du regelmäßig üben kannst. Dabei kommt es besonders auf die Regelmäßigkeit der Übung an, damit du diese Techniken auch in schwierigen Phasen sofort abrufen kannst.

Die Feueratmung für mehr Energie

Diese Atemübung stammt ursprünglich aus der Yogapraxis und fordert ein hohes Maß an Konzentration. Sie ist geeignet, wenn du besonders viel Stress hast, dich ausgepowert fühlst oder aufgebracht bist. Mit der Feueratmung wird dein ganzer Körper gefordert und sie sorgt für eine „Massage" deiner Organe. Zudem wirkt sie Frustration entgegen, da hierbei sehr viel Energie freigesetzt wird. Anfangs wirst du noch nicht viele Atemzüge schaffen, aber das Pensum ist hier auch nicht entscheidend. Es kommt eher darauf an, dass du die Kraft der Atmung für dich nutzt, und da reichen meist schon zehn bis zwanzig Atemzüge, um einen spürbaren Erfolg zu erzielen.

So wendest du die Feueratmung an:
Begib dich wieder in eine bequeme Sitzhaltung und achte darauf, dass du deinen Oberkörper nicht nach vorne kippst, sondern so aufrecht wie möglich positionierst. Atme jetzt ausschließlich durch deine Nase. Wenn dir das schwerfällt, kannst du auch deinen Mund mit einer Hand bedecken. Atme nun tief durch die Nase ein, bis sich deine Bauchdecke spürbar wölbt. Dann stoße die Luft kraftvoll durch deine Nase wieder hinaus. Ziehe während des Ausatmens deinen Bauch nach innen. Wiederhole die Feueratmung so oft, wie es für dich angenehm ist. Achte darauf, dass du die Übung nicht unmittelbar nach einer Mahlzeit durchführst, da sie sonst deinen Magen überfordert und zu Übelkeit führen kann.

Die tiefe Ruheatmung

Mithilfe der tiefen Ruheatmung bringst du deinen Körper dazu, eine kleine Pause einzulegen und sich wieder zu sammeln. Sie ist besonders geeignet zum Stressabbau, zum Entgegenwirken von Ängsten und zur Steigerung des Wohlbefindens. Eine zu schnelle und flache Atmung, wie wir sie uns leider heutzutage angewöhnt haben, ist nicht gesund, da der Körper so weniger Sauerstoff aufnehmen kann. Deshalb ist es sinnvoll, die tiefe Ruheatmung zu trainieren und wieder viel mehr in den Tagesablauf einzubinden, damit dein Körper bestens versorgt wird. Du bist so produktiver und ausgeglichener.

So wendest du die tiefe Ruheatmung an:

Entspanne deine Schultern und lasse deine Arme locker herunterhängen. Achte aber trotzdem auf eine aufrechte Körperhaltung und richte deinen Blick geradeaus. Atme nun ganz tief durch die Nase ein, bis sich dein Bauch vollständig mit Luft gefüllt hat. Halte diese Luft für ein paar Sekunden im Körper und atme dann langsam durch den Mund wieder aus. Du kannst während der Atmung auch bis fünf zählen – wenn du die Luft kurz anhältst, zählst du bis vier. Das Ausatmen sollte länger andauern als das Einatmen. Du kannst dann beispielsweise bis acht zählen. Schaue aber vor allem darauf, wie es für dich vom Rhythmus her am besten passt, denn jeder Mensch ist anders und benötigt daher auch eine individuelle Betrachtung.

Die Wechselatmung für mehr Fokus

Die Wechselatmung wird ebenfalls gerne beim Yoga praktiziert und hat eine besondere Wirkung auf die Energien im Körper. Mit dieser Atemtechnik kannst du ganz gezielt deine Konzentrationsfähigkeit steigern, gleichzeitig eignet sie sich auch sehr gut als Entspannungsübung. Das Besondere an dieser Atemtechnik ist, dass hier ausschließlich durch die Nase geatmet wird. Jedoch wird abwechselnd ein Nasenloch mit den Fingern verschlossen und die Atemübung folglich durch ein Nasenloch durchgeführt.

So wendest du die Wechselatmung an:

Nimm eine angenehme Sitzhaltung ein und schließe deine Augen. Du brauchst jetzt deine volle Konzentration. Verschließe nun mit dem Daumen den rechten Nasenflügel. Atme ganz ruhig durch den linken Nasenflügel ein. Löse deinen Daumen und verschließe jetzt den linken Nasenflügel, dabei atmest du durch den rechten wieder aus. Wechsle dann die Seiten und beginne, mit dem rechten Nasenflügel einzuatmen, um mit dem linken wieder auszuatmen. Wiederhole diese Übung jeden Tag, beispielsweise nach dem Aufstehen oder kurz vor dem Schlafengehen. Die Dauer bestimmst du dabei selbst. Anfangs reichen fünf bis zehn Minuten aus. Du kannst dich dann auf zwanzig bis dreißig Minuten steigern, wenn du möchtest.

MEDITATIONSPRAXIS ENTWICKELN: AM ANFANG SIND ES FÜNF MINUTEN

Wenn du mit Meditationen und Atemübungen beginnst, reichen für den Anfang schon wenige Minuten aus, um einen positiven Effekt zu erzielen. Löse dich unbedingt von dem Gedanken, bei einer Meditation einen perfekten Trancezustand zu erreichen, denn das setzt dich nur unter Druck und erreicht eher das Gegenteil. Bei den Atemübungen solltest du nur so weit gehen, wie es für deinen Körper machbar ist. Es nützt dir nichts, wenn du eine halbe Stunde lang eine Atemübung praktizierst und dich danach vollkommen erschöpft fühlst.

Die Übungen sollen unterstützend wirken und dich nicht belasten. Es reichen in der Anfangsphase pro Tag schon fünf Minuten, um dich deinem Körper näherzubringen, und du kannst dich dann langsam steigern. Natürlich solltest du eine gewisse Regelmäßigkeit bei den Übungen verfolgen, denn je mehr du übst, desto besser klappt es. Anfangs ist es schwierig, neue Gewohnheiten zu etablieren und die eigene Meditationspraxis zu entwickeln. Ähnlich wie beim Sport solltest du deine Meditationen trainieren, damit du immer besser wirst und die Anstrengung nachlässt.

Hast du dich daran gewöhnt, wirst du deine Übungen nicht mehr missen wollen. Noch dazu bist du dann in der Lage, deine Meditations- und Atemübungen in schwierigen Phasen einzusetzen, sodass sie dir bei der Bewältigung deiner Probleme helfen können. Wie kannst du also am Ball bleiben und deine eigene Meditationspraxis entwickeln? Die nachfolgenden Tipps helfen dir, deine Übungen weiterzuverfolgen:

Zweifel und Ängste ablegen

Wenn du dich nicht zum Meditieren motivieren kannst, dann frage dich selbst, was dich davon abhält. Plagen dich gewisse Ängste, mit denen du dich konfrontiert siehst, wenn du weiter in dein Unterbewusstsein vordringst, und möchtest du diese Ängste vielleicht umgehen? Hast du Zweifel an der Wirksamkeit der Übungen oder an dir selbst? Bist du in allen Bereichen zu beschäftigt, dass du es einfach nicht schaffst, eine Meditationspraxis zu entwickeln? Finde heraus, weshalb du dich dagegen sträubst. Es kann natürlich sein, dass dich dein Umfeld aus dem Gleichgewicht bringt und dich daran hindert, zu meditieren. Den Zeitfaktor solltest du hier auch nicht außer Acht lassen. Mit Kindern im Haushalt ist es beispielsweise sehr schwer, zur Ruhe zu kommen, aber vielleicht gibt es trotzdem ein kleines Zeitfenster, das du dir für deine Meditation freihalten kannst, selbst wenn es nur fünf Minuten am Tag sind, die du dafür investieren kannst.

Gewohnheiten ändern

Schaue dir einmal deinen Tagesablauf genauer an und überlege, wann für dich die beste Zeit zum Meditieren ist. Magst du es, zu meditieren, wenn du gerade aus dem Bett aufgestanden bist, oder möchtest du vor dem Schlafengehen deine Übungen durchführen? Hast du mittags eine halbe Stunde Zeit, in der du sowieso nichts vorhast, dann kannst du diese nutzen, um deine Meditation auszuführen. Lege dir einen passenden Zeitpunkt fest, den du unbedingt beibehalten solltest. Regelmäßige Meditations- und Atemübungen werden irgendwann automatisch in eine Gewohnheit übergehen, sodass du dir keine Gedanken mehr darüber machen musst, wann du deine Praktiken umsetzen willst.

Persönliche Vorlieben beachten

Du hast bei Meditationen vielleicht dieses Bild einer Person im Kopf, die im Lotus-Sitz verweilt und sich kein bisschen bewegen darf. Gerade, wenn du jemand bist, der Schwierigkeiten damit hat, die eigene Energie zu zügeln, kann eine klassische Meditation eine große Herausforderung sein. Doch du musst keinesfalls stillsitzen und jede Bewegung unterdrücken, wenn du das nicht möchtest. Es gibt auch die Möglichkeit, zu meditieren, indem du sanfte Bewegungen dabei ausführst. Qigong ist ein gutes Beispiel hierfür, wie Meditation und Bewegungen in Einklang gebracht werden. Mit dieser Meditationsart kannst du dich auch beruhigen, ohne dass du stillsitzen musst.

Gemeinsam meditieren

Mit Gleichgesinnten zu meditieren, ist immer eine Erfahrung wert und kann dir dabei helfen, eine Routine zu entwickeln. Triff dich zu festgelegten Zeiten mit einer Person deiner Wahl, die ebenfalls Interesse am gemeinsamen Meditieren hat. Ihr könnt euch gegenseitig motivieren und euch sogar während der Meditation anleiten. Zudem könnt ihr euch danach austauschen und erhaltet so neue Eindrücke und Denkanstöße, die euch allein höchstwahrscheinlich nicht in den Sinn gekommen wären.

ÜBUNG: DER BODYSCAN

Eine gute Achtsamkeitsübung, um deine Wahrnehmung zu schulen, ist der sogenannte Bodyscan. Dieser kann die Beziehung zwischen Geist und Körper intensivieren. Hierbei richtest du deine Aufmerksamkeit nacheinander auf unterschiedliche Bereiche deines Körpers und nimmst diese in ihrer Gesamtheit wahr. Dabei erforschst du alle Empfindungen, die während des Bodyscans auftreten, denn es werden sicherlich auch Gedanken und Impulse auftreten, die dich zum Nachdenken anregen werden. Diese können selbstverständlich auch von negativer Natur sein und dir aufzeigen, was in deinem Körper momentan schiefläuft. Diesen negativen Erkenntnissen und Erfahrungen solltest du wohlwollend entgegentreten und lernen, diese Empfindungen anzunehmen.

Der Bodyscan hilft dir dabei, deine Gefühle und deine Empfindungen zu akzeptieren, ohne sie zu bewerten. Im Grunde ist er also eine Bestandsaufnahme deines Seins sowie eine Bereicherung deines Bewusstseins. Du lernst Gefühle kennen, die dir sonst durch den stressigen Alltag verborgen bleiben würden, und dies eröffnet dir eine ganz andere Sichtweise auf dich selbst. Mithilfe des Bodyscans wirst du zum stillen Beobachter deines Körpers, was dir in allen Lebenslagen zugutekommt.

Die Vorteile des Bodyscans auf einen Blick:

- Der Fokus wird auf deinen Körper gesetzt und jegliche Ablenkungen werden dabei ausgeblendet.

- Die Verbindung zwischen Gehirn, Geist und Körper verbessert sich.

- Dein Bewusstsein wird geschärft und du sensibilisierst dich für deine Körperempfindungen.

- Reduzierung von störenden Reizen, die dir helfen können, dich zurückzunehmen und deine Selbstregulation zu fördern.

- Deine Sinne werden geschärft und deine Konzentrationsfähigkeit verbessert sich.

- Du wirst gelassener und schaust, ohne jegliche Bewertung, auf all deine Empfindungen.

- Du erweiterst deinen Horizont und kommst zu neuen Erkenntnissen, die dich dazu bringen, dein Verhalten zu verändern.

So funktioniert der Bodyscan:

1. Sorge dafür, dass du für eine halbe Stunde ungestört bist, und lege dich auf eine bequeme Unterlage. Schließe deine Augen und konzentriere dich zunächst auf deine Atmung. Deine Atmung sollte langsam und gleichmäßig sein.

2. Richte nun deinen Fokus auf dein Inneres und heiße all deine Gefühle, Gedanken und Empfindungen willkommen. Jede Emotion hat ihre Daseinsberechtigung und möchte dir etwas mitteilen. Nimm sie wahr und lasse deine Gedanken ziehen.

3. Lenke deine Konzentration wieder auf deine Atmung und stelle dir vor, dass dein Atem durch deinen gesamten Körper fließt.

4. Beginne jetzt mit der Analyse deiner Empfindungen und spüre, wie sich deine Zehen, deine Füße, deine Beine und jeder weitere Körperteil anfühlen. Gehe dabei langsam vor und gib jedem Bereich deines Körpers die nötige Zeit, sich mit dir zu verbinden. Solltest du gedanklich abschweifen, versuche, dich anhand deiner Atmung zu fokussieren.

5. Wenn du mit dem Bodyscan fertig bist, springe nicht sofort auf, sondern bleibe noch einen kurzen Moment liegen und ruhe dich aus. Der Bodyscan kann sehr anstrengend sein, weil du deine Konzentration lange aufrechterhalten musst.

6. Ich empfehle dir, deine Erfahrungen nach dem Bodyscan aufzuschreiben, damit du beim nächsten Mal, wenn du einen erneuten Bodyscan durchführen möchtest, deine Fortschritte vergleichen kannst.

Selbstmanagement

MIT MEHR STRUKTUR ZUR
SELBSTREGULATION

D u möchtest deine Selbstregulation verbessern und benötigst dafür jetzt noch einen genauen Plan. Damit du dich nicht um mehrere Baustellen gleichzeitig kümmerst, solltest du strukturiert vorgehen und Prioritäten setzen. Dazu gehört auch, Dinge hinten anzustellen, die dich deinem Ziel nicht näherbringen. Außerdem musst du konkrete Lösungsvorschläge erarbeiten, die du anwenden möchtest, um deine Selbstregulation zu fördern. Dafür kannst du dir Fallbeispiele aus bereits erlebten Situationen erarbeiten und für dich nach alternativen Verhaltensweisen suchen. Gehst du planlos an die Umsetzung deiner Strategien heran, kann es sein, dass diese kaum wirksam sind und du in alte Verhaltensmuster zurückfällst. Du musst also für ein effektives Selbstmanagement sorgen und dich in erster Linie um dich selbst kümmern. Erst, wenn du dich um deine tiefsten Bedürfnisse gekümmert hast, kannst du dich weiterentwickeln.

Bist du nicht in der Lage, achtsam und geduldig mit dir selbst umzugehen, kann deine Reise zu mehr Selbstregulation in eine Sackgasse führen. Du stehst dir dann selbst im Weg, weil du unzufrieden bist und schnell den Mut verlierst, einen neuen Lebensabschnitt einzuläuten. Es gehört immer etwas Selbstliebe dazu, wenn man sich verändern möchte. Sich selbst zu verzeihen ist ein großer Schritt, der getan werden muss, aber manchmal gar nicht so einfach ist. Deshalb kann der ganze Prozess zur Steigerung der Selbstregulation auch nicht über Nacht geschehen, sondern er braucht viel Zeit und Mut zur Selbsterkenntnis.

Wahrnehmung schulen

Der erste Schritt zu mehr Selbstregulation führt dich zu deiner Wahrnehmung. Dabei solltest du während Konflikten deine Reaktionen hinterfragen und deine Gefühle einordnen können. Stell dir vor, du befindest dich in folgender Situation und du musst jetzt herausfinden, welche Empfindungen du verspürst und wie du deine Impulse kontrollieren kannst.

Du triffst dich mit einer alten Freundin im Café und ihr habt euch schon sehr lange nicht mehr gesehen. Ihr beide redet über Gott und die Welt und irgendwann holt sie alte Fotos aus ihrer Tasche hervor, um mit dir in Erinnerungen zu schwelgen. Du warst damals viel schlanker und hast dich mehr um dein Aussehen gekümmert als heute, weil du eben andere Interessen und Ziele entwickelt hast. Dir sind diese Dinge heute nicht mehr wichtig, weil du reifer und erwachsener geworden bist. Dein Fokus liegt nun auf deiner Familie und du hast das wilde Partyleben hinter dir gelassen. Deine Freundin allerdings macht sich über dein heutiges Erscheinungsbild lustig und lässt keinen angeblichen Makel an dir unkommentiert. Sie ist der Meinung, dass du früher besser ausgesehen hast und dich im Vergleich zu damals gehen lassen hast. Außerdem findet sie, dass du im Gesicht viel älter wirkst, als du eigentlich bist. Mit jedem Satz wird sie unverschämter und du bist kurz davor, zu explodieren.

Überlege dir jetzt genau, was dein altes Ich in dieser Situation getan hätte. Hättest du deine Freundin beleidigt oder wärst du komplett an die Decke gegangen? Wie wäre dein genauer Wortlaut gewesen und welche Gefühle wären in dir aufgekommen? Analysiere die Situation genau und frage dich, was dich am meisten an ihren Aussagen verletzt hätte. Ist es, weil sie dich und dein Äußeres bewertet oder weil sie deinen Lebensstil kritisiert hat?

Horche in dich hinein und nimm all die negativen Emotionen wahr, die du in so einer Situation verspüren würdest. Du kannst dir dazu auch Notizen machen und dich fragen, warum du dich und dein Verhalten in diesem Beispiel nicht unter Kontrolle halten könntest. So kannst du deine Selbstwahrnehmung trainieren und lernen, deine Emotionen so anzunehmen, wie sie sind. Du kannst diese Methode übrigens auch gut im Alltag anwenden, indem du alte Konflikte analysierst und dein Verhalten kritisch betrachtest. Vielleicht möchtest du dir ein Notizbuch zulegen, in welches du deine Analysen eintragen kannst. Du hast dann ein perfektes Werkzeug an der Hand, welches dir dabei hilft, Verhaltensmuster schneller zu erkennen und zu durchbrechen. Gleichzeitig kannst du auch Vergleiche zu anderen Situationen ziehen und deine Erkenntnisse niederschreiben. Dann verstehst du dich selbst besser und kannst entsprechende Lösungswege erarbeiten.

Verhalten überdenken und verändern

Betrachte noch einmal deine Notizen zu dem oben genannten Beispiel. Du solltest jetzt überlegen, weshalb dein Verhalten in dieser Situation unangemessen war. Sticht ein bestimmtes deiner Verhaltensmuster heraus, welches du regelmäßig in der Realität an den Tag legst? Wenn ja, wodurch wurde es ausgelöst? Was sind die häufigsten Faktoren, die dich besonders stark reizen? Deine Verhaltensmuster sind immer mit Auslösern verknüpft, die du herausfinden musst. Damit du dein Verhalten ändern kannst, musst du dir dieses genauer anschauen und erkennen, wo deine Schwächen liegen.

Bei dem Beispiel mag dir dies noch leicht von der Hand gehen, aber im wirklichen Leben ist das Erkennen von fragwürdigen Verhaltensmustern eine schwierige Aufgabe. Der Grund hierfür ist, dass du deine Emotionen und Impulse bewusst stoppen musst, um negatives Verhalten zu erkennen und daraufhin zu vermeiden. Eine gute Methode ist, bei Konflikten oder Ähnlichem kurz eine Auszeit zu nehmen und tief durchzuatmen. Du kannst dir dann in Gedanken eine Fernbedienung vorstellen, die dich pausiert. In dieser Pause kannst du an diesem Punkt noch entgegenwirken. Das ist sehr hilfreich und du lernst dabei, dich selbst zu reflektieren.

SELBSTFÜRSORGE BETREIBEN

Vergiss neben der ganzen harten Arbeit an dir selbst auf keinen Fall deine eigenen Bedürfnisse. An sich zu arbeiten ist schön und gut, aber wenn deine Persönlichkeit darunter leidet, weil du zu sehr damit beschäftigt bist, dich zu verbessern, dann hast du nichts gewonnen. Es kommt immer darauf an, ein gutes Gleichgewicht zwischen Selbstoptimierung und Selbstfürsorge zu finden. Nur wer zufrieden ist, kann auch wirklich eine positive Veränderung hervorrufen.

Ich selbst habe jahrelang versucht, gewisse Strukturen in meinem Verhalten zu erkennen und zu verändern, allerdings ist mir die Achtsamkeit zu meinem Körper und meinem Geist zwischenzeitlich abhandengekommen. Ich war so versessen darauf, perfekt zu sein, dass ich gar nicht bemerkte, wie sich mein mentaler Zustand verschlechterte – und das, obwohl ich mich sehr mit meiner Psyche befasste. Allerdings verfolgten mich Selbstzweifel – sie nagten an meinem Selbstbewusstsein und vielmehr noch an meinem Selbstwertgefühl, denn ich hatte den Eindruck, dass ich nur liebenswert war, wenn ich in die gesellschaftliche Norm passte und mich im Griff hatte, ohne mir den kleinsten Fehler zu erlauben. Dabei fiel es mir umso schwerer, mir meine Fehler zu verzeihen.

Ich war mein härtester Kritiker geworden. Irgendwann erkannte ich, dass mich diese Lebensweise auf Dauer nicht glücklich machen würde. Ich begann, liebevoller mit mir selbst umzugehen und war nicht so streng mit mir, wenn ich vielleicht doch die Kontrolle verlor. Das war nur allzu menschlich und keine Schande. Folglich konzentrierte ich mich mehr darauf, nach Strategien zu suchen, die mir halfen, anstatt mich für die Vergangenheit fertig zu machen. Was passiert war, konnte ich ohnehin nicht mehr ändern, ich konnte nur noch für die Zukunft daraus lernen. Am Ende hätte der selbst geschaffene Stress mich sowieso wieder in alte Verhaltensmuster gebracht und das wollte ich um jeden Preis verhindern. Ich lege dir daher ans Herz, gut für dich zu sorgen und nachsichtig mit dir selbst zu sein. Du möchtest schließlich auch, dass dir Menschen deine Fehler verzeihen und dich so annehmen, wie du bist.

Selbstfürsorge hat viel mit Selbstliebe zu tun. Sie wirkt sich zudem auch auf deine persönliche Resilienz aus, also auf deine eigene Widerstandskraft in Krisen- und Stresssituationen. Die Resilienz ist ein wichtiger Bestandteil deiner Selbstregulation, denn sie wirkt wie eine Art Schutzschild, die dich in schwierigen Situationen dazu bringt, einen kühlen Kopf zu bewahren und aus Rückschlägen zu lernen. Gleichzeitig stärkt sie dich und erhöht deine Motivation, sodass du auch bereit bist dein Verhalten zu ändern. Du machst dich selbst nicht fertig, sondern nimmst dein eigenes Feedback und das anderer Menschen dankend an. Es hängt alles miteinander zusammen – wenn du dich gut um dich kümmerst, wirkt sich dieser Umstand unmittelbar auf deine Fähigkeiten aus.

Tipps für mehr Selbstfürsorge

• Wann immer es möglich ist, solltest du dir Zeit für dich nehmen. Das bedeutet auch, Prioritäten zu setzen und alles Unwichtige hinten anzustellen. Achte deshalb darauf, welche Wünsche du hast, und mache es dir nicht zur Gewohnheit, deine Bedürfnisse zu vernachlässigen, nur weil du jemandem einen Gefallen tun möchtest.

• Wenn dich jemand um etwas bittet, darfst du höflich ablehnen. Du solltest mit dir selbst klären, ob du wirklich dazu bereit bist, jemandem zu helfen, wenn für dich mehr Nach- als Vorteile daraus entstehen. Hilfsbereitschaft definiert sich nicht durch vollkommene Aufopferung, sondern durch effektive Hilfe, die du nur gewährleisten kannst, wenn du dich dabei gut fühlst.

• Selbstakzeptanz ist wichtig, damit du inneren Frieden mit deinen eigenen Dämonen schließen kannst. Akzeptiere beispielsweise, dass du ein aufbrausender Mensch bist oder du zu impulsiven Handlungen neigst. Was du allerdings nicht akzeptieren solltest, ist dein Fehlverhalten, denn dieses kannst du in Angriff nehmen und verbessern. Lediglich deine persönlichen Charakterzüge und Eigenschaften solltest du in die Selbstakzeptanz einfließen lassen, denn diese machen deine Persönlichkeit aus.

• Du solltest eine gesunde Balance zwischen Entspannung und Anspannung finden, die du dann bewusst wahrnimmst. Gewöhne dir ab, mehrere Dinge gleichzeitig erledigen zu wollen, denn dann kannst du dich nicht auf einen Moment konzentrieren und diesen nicht komplett auskosten. Die Folge ist, dass du dich immer gehetzt fühlst und nicht zur Ruhe kommst, was sich wiederum negativ auf dein gesamtes Gemüt auswirkt.

• Du darfst dich keinesfalls von anderen Personen abhängig machen und musst lernen, deine eigenen Entscheidungen zu treffen. Stehe dann aber auch zu deinen Ansichten und lasse dich nicht von deinem Umfeld beeinflussen. Wenn du jetzt unbedingt etwas Neues ausprobieren möchtest, dann hat dich niemand davon abzuhalten. Du machst deine eigenen Erfahrungen und kannst dann aus Niederlagen lernen.

• Nimm die Signale deines Körpers wahr und kümmere dich auch dementsprechend um ihn. Fühlst du dich schlapp, dann solltest du dir nicht zu viel zumuten und einen Gang zurückschalten. Trainiere deine Achtsamkeit, indem du deine eigenen Empfindungen ernst nimmst.

• Kümmere dich auch um deine Interessen und um deine Hobbys, denn diese sind unerlässlich für dein Wohlbefinden.

NEGATIVE GLAUBENSSÄTZE ENTLARVEN UND UMKEHREN

Mancher Rückschlag kann so heftig sein, dass du den Glauben an dich selbst verlierst. Du fängst an, deine Methoden zu hinterfragen, und Selbstzweifel kommen auf, ob du wirklich in der Lage bist, eine Veränderung herbeizuführen. Deine immer negativer werdenden Gedanken bremsen dich schlimmstenfalls sogar ganz aus, sodass du an vorhandene Erfolge nicht mehr anknüpfen kannst. Das zehrt an deinem Selbstbewusstsein und du entwickelst falsche Glaubenssätze, die sich in deinem Kopf fest verankern. Diesen negativen Glaubenssätzen kannst du aber entgegenwirken, auch wenn diese schon seit Ewigkeiten bestehen. Als Kind hattest du diese Überzeugungen gar nicht, denn du bist ohne Vorurteile und Erwartungen in dieses Leben hineingeboren worden. Diese Glaubenssätze wurden dir nach und nach von deinem Umfeld eingepflanzt. Es kann aber auch sein, dass du viele negative Erfahrungen sammeln musstest, die dich in diesem Bereich stark geprägt haben.

So können unbegründete Schuldgefühle zu einem falschen Selbstbild führen und du redest dir ein, dass du allein für diese Erlebnisse die Verantwortung trägst. Diese Überzeugung ist jedoch falsch, denn es gibt viele Umstände, die du in deinem Leben nicht aktiv beeinflussen konntest. Hattest du vielleicht eine schwere Kindheit, dann warst du nicht schuld daran, sondern deine Eltern oder deine Bezugspersonen. Ist eine dir nahestehende Person erkrankt, hatte einen schweren Unfall oder ist leider verstorben, dann sind dies Umstände, die nichts mit dir zu tun haben, denn du konntest diese Ereignisse nicht verhindern.

Oft ist es aber leider so, dass man sich selbst für alles und jeden verantwortlich fühlt, und wenn dann eine Person auftritt, die dir falsche Glaubenssätze einredet, glaubst du ihr zwangsläufig irgendwann. Das Gleiche passiert auch, wenn du dir dauerhaft Vorwürfe machst und dir bestimmte Überzeugungen einredest. Den Satz „Ich kann das nicht!" hast du doch sicherlich schon oft benutzt – er ist ein gutes Beispiel für deine Einstellung zu dir selbst. Hier zeigt sich, wie du über dich und deine Fähigkeiten denkst und dass du wenig Selbstvertrauen aufbringst. Mit diesem Satz löst du auch ein gewisses Verhaltensmuster aus, denn wenn du dir einredest, etwas nicht zu können, dann hast du auch keine Motivation, es zu erlernen. Folglich vermeidest du Situationen, die dich weiterhin mit diesen Umständen konfrontieren. Du scheiterst also schon, bevor du es überhaupt versucht hast. Fügst du diesem Satz jetzt aber ein kleines Wort hinzu, veränderst du seine ganze Botschaft. Würdest du jetzt sagen, „Ich kann das noch nicht!", dann suggerierst du dir und deinem Umfeld, dass du bereit bist, dazuzulernen, und dass du an dich glaubst.

Du kannst also jeden negativen Glaubenssatz in ein positives Gegenstück verwandeln, um deine Selbstregulation wirklich auszubauen. Du brauchst eine optimistische Denkweise, damit du deinen Zielen näherkommen kannst. Damit kannst du tatsächlich jeden noch so hartnäckigen Gedanken umprogrammieren und dir so dein Selbstvertrauen zurückholen.

Negative Glaubenssätze enttarnen

Nimm dir dafür einen Zettel und einen Stift. Überlege, wo du deine Stärken und Schwächen siehst, und schreibe sie auf. Notiere alle negativen Glaubenssätze, die dir einfallen, wenn du deine Schwächen vor dir siehst. Das kann zum Beispiel so aussehen:

Schwächen	Glaubenssätze
Ich bin ungeduldig	Ich kann nicht warten
Ich kann schlecht zuhören	Ich kann nicht lange zuhören
Ich bin aufbrausend	Ich schaffe es nicht, ruhig zu bleiben
Ich bin unordentlich	Ich kann nicht gut Ordnung halten
Ich habe absolut keine Selbstbeherrschung	Ich bin nicht in der Lage, mich zurückzuhalten
Ich mache viele Fehler	Ich mache nie etwas richtig

Überlege dann, inwiefern dich diese Überzeugungen beeinflussen. Hast du denn schon einmal versucht, dein Verhalten zu verändern, oder glaubst du, dass das gar nicht möglich ist? Wenn letzteres zutrifft, warum denkst du so? Ist es deine eigene Überzeugung oder die einer anderen Person? Viele Sätze, die wir kennen, haben wir nämlich aus unserer Kindheit übernommen und spiegeln damit überhaupt nicht die Realität wider.

Du kannst dir auch manipulative Glaubenssätze deiner Mitmenschen notieren, die sie mal an dich gerichtet haben. Anschließend versuchst du, herauszufinden, ob diese überhaupt der Wahrheit entsprechen oder ob du einfach deren Meinung übernommen hast, ohne diese zu prüfen. Das kann dir Aufschluss darüber geben, woher diese negativen Glaubenssätze stammen und weshalb du an ihnen festhältst. Häufig sind sie unbegründet und sorgen in deinem Unterbewusstsein für Chaos. Zum Schluss schreibst du dir auf, an welchen deiner Fähigkeiten du konkret zweifelst oder ob du selbst zufrieden damit bist. Vielleicht wird dir dann bewusst, dass du ganz anderer Meinung bist und in Wahrheit gar nicht so viele Schwächen besitzt, wie du angenommen hast.

Du kannst aus jeder Schwäche auch positive Aspekte herausholen. So kann deine Ungeduld beispielsweise ein gutes Zeichen dafür sein, dass du jemand bist, der schnelle Ergebnisse liefert und nicht lange trödelt. Wenn du aufbrausend bist, kann das darauf hindeuten, dass du sehr sensibel bist und anderen Menschen viel Empathie entgegenbringst. Es ist nur eine Frage der Auslegungssache und wie du dich selbst wahrnimmst.

Neue Glaubenssätze etablieren

Jetzt geht es darum, deine alten Glaubenssätze zu eliminieren und neue zu platzieren. Eine positive Formulierung ist dabei äußerst wichtig, damit du eine zuversichtliche Grundeinstellung erzielen kannst. Suche dir einen negativen Glaubenssatz heraus und formuliere ihn komplett um, sodass überhaupt keine Negativität mehr darin steckt, sondern dieser Glaubenssatz Motivation in dir auslöst. Nehmen wir beispielsweise diesen negativen Glaubenssatz: „Ich mache nie etwas richtig!" Dieser Satz sagt über dich aus, dass du nicht von deinen Fähigkeiten überzeugt bist und dich kleiner darstellst, als du in Wirklichkeit bist.

Möchtest du etwas verändern, musst du nun diesen Glaubenssatz so umformulieren, dass dieser dich nicht abwertet, sondern vielmehr eine aufbauende Wirkung ausstrahlt. Du könntest stattdessen sagen: „Ich werde mich stetig verbessern." Das klingt viel freundlicher und verschafft dir eine positivere Denkweise. Noch dazu macht es dir Mut, mehr aus dir herauszuholen und dich mit deinen Schwächen aktiv auseinanderzusetzen. Du kannst unterwegs, wenn du dich bei einem negativen Glaubenssatz erwischen solltest, diesen ebenfalls umformen und durch einen positiven Glaubenssatz ersetzen. Es wird eine Weile dauern, bis sich deine neuen Strukturen in deinem Unterbewusstsein verfestigen. Hilfreich ist es daher, wenn du deine neuen Glaubenssätze einmal täglich in Gedanken wiederholst. Du kannst sie auch laut aufsagen, dann erlangen sie noch mehr Stabilität und setzen sich besser fest.

DER LÖSUNGSORIENTIERTE ANSATZ

Du kannst dich natürlich intensiv mit deiner Vergangenheit auseinandersetzen, um herauszufinden, warum sich deine Selbstregulation derzeit auf einem niedrigen Level befindet. Verständlicherweise möchtest du die Ursachen herausfinden und oft ist es sogar ganz hilfreich, wenn man versteht, wo das eigene Verhalten seinen Ursprung hat. Das Problem daran ist, dass du die Vergangenheit nicht mehr ändern kannst, und so ist es nicht zielführend, wenn du dich zu intensiv mit der Herkunft deiner Selbstregulation beschäftigst. Irgendwann verlierst du dich zu sehr in diesem Thema, dass du deine Selbstregulation nicht mehr fördern kannst. Fakt ist, dass deine momentane Selbstregulation nur durch deine jetzigen Strategien verbessert werden kann und nicht durch Ursachenforschung. Sie muss wieder neu aufgebaut werden und dazu musst du passende Lösungen erarbeiten. Dieses Vorgehen nennt man auch einen lösungsorientierten Ansatz, denn du versuchst, deine Situation durch neue Ideen und Methoden zu verändern, anstatt dich mit dem Warum zu beschäftigen. Dafür ist es auch wichtig, dass du diese Methoden für dich selbst erarbeitest und nicht einfach irgendwelche Ratschläge von außen annimmst, welche dich nur oberflächlich weiterbringen. Lösungsorientiertes Handeln und Denken erfordern die Wahrnehmung deiner Situation als Chance, nicht als Problem. Auch musst du dich von der Einstellung verabschieden, dein Umfeld für deine Probleme verantwortlich zu machen. Du hast es letztendlich selbst in der Hand, ob du weiterhin in der Opferrolle verharren möchtest oder ob du bereit dazu bist, dich deinen Problemen zu stellen und dein Bestes zu geben. Die wichtigsten Voraussetzungen für lösungsorientiertes Handeln sind:

- Du behältst dir und deinen Mitmenschen gegenüber eine positive Einstellung, auch wenn es schwierige Phasen gibt.
- Wertschätzung sollte oberste Priorität haben im Umgang mit dir selbst.
- Du setzt deine eigenen Ziele und bist der Experte für dein Leben.
- Höre auf dein Gefühl und beachte deine Bedürfnisse.
- Lösungen können auch gefunden werden, wenn du die Ursache nicht kennst.
- Kleine Fortschritte solltest du als Erfolg ansehen und deine Strategien demnach weiter ausbauen.
- Deine Wünsche und deine Ziele sind es wert, verwirklicht zu werden, egal, wie unbedeutend sie auch wirken.

Wenn du diese Punkte alle beherzigst, dann bist du auf dem besten Weg, lösungsorientiert zu handeln. Du kannst dich ganz auf die Umsetzung deiner Methoden konzentrieren. Wichtig ist, dass du Strategien verfolgst, die für dich funktionieren.

PERSÖNLICHE ZIELE SETZEN UND VERFOLGEN

Du hast dich nun schon eingehend mit deiner Selbstregulation beschäftigt und weißt daher, wo du ansetzen musst. Jetzt brauchst du noch ein klares Ziel vor Augen, auf welches du hinarbeiten kannst. Eine Veränderung deines Verhaltens ohne genaue Zielsetzung und Planung ist nicht empfehlenswert, denn dann verlierst du ganz schnell deinen Fokus und scheiterst. Die eigenen Vorsätze zu verwirklichen kann manchmal ganz schön schwierig sein. Der Start in ein neues Jahr ist hierfür ein gutes Beispiel. Viele Menschen nehmen sich an Silvester vor, im neuen Jahr alles anders zu machen. Sie möchten eine Veränderung anstreben und setzen sich Ziele, die sie zwar konkretisieren, aber nicht vollständig durchdenken. Meistens scheitert es an der Umsetzung, da die meisten Menschen sich keinen ernstzunehmenden Plan erarbeiten. Sie probieren verschiedene Möglichkeiten aus und warten auf den ersehnten Erfolg, doch schon in der ersten Januarwoche werfen bis zu 90 % der besagten Menschen ihre Vorsätze über den Haufen. Sie haben sich und ihre Fähigkeiten einfach überschätzt, sodass die Motivation schlagartig nachlässt. Die Ziele werden verworfen und im nächsten Jahr wieder angestrebt, wobei sich die Fehler dann oft wiederholen. Damit das bei dir nicht passiert und du deine Ziele wirklich erreichen kannst, habe ich für dich ein paar gute Tipps zusammengestellt. Diese zeigen dir, wie du dir einen ganz persönlichen Schlachtplan zur Verbesserung deiner Selbstregulation erstellen kannst. Du kannst diese Tipps natürlich auch für andere Vorhaben nutzen, die deine Wünsche und Ziele betreffen.

Ziele formulieren

Der erste Schritt, damit du eine neue Gewohnheit etablieren und eine Veränderung anstreben kannst, ist das Ausformulieren deiner Ziele. Du musst hier schon etwas konkreter werden, da die Formulierung „Ich will meine Selbstregulation verbessern" zu allgemein gehalten ist. Deshalb ist es immer gut, wenn du eine kleine Zielrecherche durchführst und nach folgendem Schema vorgehst:

- Was genau möchte ich erreichen? (Beispiel: Ich möchte meine Gefühlsausbrüche unter Kontrolle bekommen.)

- Wann möchte ich mein Ziel erreicht haben? (Beispiel: Ich möchte meine Gefühlsausbrüche in einem halben Jahr unter Kontrolle bekommen.)

- Wann möchte ich mit der Umsetzung starten? (Beispiel: Ich möchte meine Gefühlsausbrüche in einem halben Jahr unter Kontrolle bekommen und ab morgen beginne ich mit meinem Training.)

Wenn du diese drei Fragen beherzigst, hast du eine grobe Übersicht über dein Vorhaben geschaffen und kannst dich gut daran orientieren. Schreibe dir deine Zielsetzung unbedingt auf und sorge dafür, dass du diese immer wieder zu Gesicht bekommst. Ich habe mir meine Ziele immer gern an einen Spiegel gehängt, weil ich dort jeden Tag hineingeschaut habe. So wurde ich unweigerlich jeden Tag an meine Ziele erinnert. Du kannst dir auch ein kleines Mantra ausdenken, welches du wiederholst, damit sich dein Vorhaben in deinem Kopf verankert.

Stolpersteine entlarven

Du kennst jetzt die Rahmenbedingungen für deine Zielsetzung. Nun geht es darum, herauszufinden, welche Faktoren dich von deiner Umsetzung abhalten könnten. Nimm dazu einen Stift und ein Blatt Papier zur Hand und schreibe alle Punkte auf, die dir dazu einfallen. Gibt es eine Person, die dich immer wieder herausfordert, oder zweifelst du an dir selbst? Gibt es Stressfaktoren, die ein Scheitern begünstigen könnten? Hast du bereits negative Erfahrungen gemacht, die womöglich auch Einfluss auf deine persönliche Einstellung nehmen könnten? Mangelt es dir an Disziplin und Geduld? Erscheint dir das Erreichen deines Ziels zu schwierig? Wenn ja, warum? Wenn du genau überlegst, wirst du typische Stolperfallen erkennen und kannst diese zuerst aus dem Weg räumen, bevor du dein eigentliches Ziel in Angriff nimmst. Es ist hilfreich, die Störfaktoren vorher zu erkennen, dann wird es dir leichter fallen, mit diesen umzugehen.

Planung deines Vorgehens

Hast du mögliche Stolperfallen erfolgreich entlarvt, kannst du nun mit der Planung deiner Umsetzung beginnen. Das bedeutet, du notierst dir alle notwendigen Maßnahmen, die erforderlich sind, um dein Ziel zu erreichen:

- Was musst du dafür tun, um dich weiterzuentwickeln?
- Wie sieht deine Strategie aus, wenn du mal weniger motiviert bist?
- Welche Methoden kannst du anwenden, damit du noch effizienter an dir arbeiten kannst?
- Wie soll dein persönlicher Trainingsplan aussehen?
- Welche Etappenziele setzt du dir?

Das sind alles wichtige Fragen, die du dir, bevor du startest, stellen solltest. Denn ohne gute Planung trittst du nur auf der Stelle und gerätst irgendwann aus dem Gleichgewicht. Mit einer guten Struktur vermeidest du einen Rückzieher, weil du dir realistische Teilziele steckst. Das fördert dein Durchhaltevermögen und dein Ziel erscheint nicht in unerreichbarer Ferne.

Umsetzung deiner Ziele

Jetzt heißt es dranbleiben und nicht schlapp machen. Es geht bei diesem Punkt nur noch darum, deine Motivation aufrechtzuerhalten und wirklich deinen Trainingsplan zu verfolgen. Deiner Motivation kannst du zwischendurch mithilfe folgender Fragen einen zusätzlichen Push geben:

- Welche Erfolge konntest du schon verbuchen?
- Wie lange dauert es noch, bis du dein Ziel erreicht hast?
- Wie sieht deine Belohnung aus, wenn du durchhältst?
- Welche Ziele und Erfahrungen machen dich jetzt schon stolz?
- Wie wirst du dich fühlen, wenn du am Ziel angekommen bist, und wie fühlst du dich jetzt?

Wenn die Vorarbeit zur Umsetzung geleistet ist und du dann wirklich mittendrin in deinem Training steckst, solltest du dir auf jeden Fall Unterstützung von außen holen. Wenn du deiner Bezugsperson dein Vorhaben mitgeteilt hast oder vielleicht schon kleinere Erfolge verbuchen konntest, dann ist es doch ein schönes Gefühl, darüber berichten zu können. Die Anerkennung von außen ist ein zusätzlicher Motivationsschub, der dich dann noch einmal zu Höchstleistungen anspornt.

KRISENMANAGEMENT

Es wird immer unerwartete Ereignisse geben, die dir zusetzen oder dich von deinem Weg abbringen können. Plötzliche Krisen stellen einen Wendepunkt in deinem Leben dar und sind eine zusätzliche Belastung zu deinen bereits vorhandenen Problemen. Dein Umgang mit der eingetretenen Krise kann zu einer völligen Zerreißprobe werden und für chaotische Zustände in deinem Leben sorgen. Dann scheint es dir fast unmöglich, dich zu sammeln und fokussiert zu bleiben, denn alles gerät aus den Fugen und du fühlst dich dagegen machtlos.

Diese Hilflosigkeit führt dazu, dass du alle deine vorherigen Ziele auf Eis legst, weil du dich erst einmal um deine neuen Probleme kümmern musst. Du hast dann verständlicherweise kein Interesse mehr daran, dich ausgerechnet jetzt mit deinen Wünschen zu beschäftigen, da dafür kaum noch Zeit übrig bleibt. Die Folge ist, dass du deine Ziele hinten anstellst oder sogar ganz verwirfst. Dabei benötigst du nur das Wissen und die passende Strategie, um schwierige Lebensphasen zu überstehen, ohne deine Ziele zu vernachlässigen. Eine Krise durchzustehen und trotz allem nicht aufzugeben, ist möglich, wenn du weißt, wie du in dieser Situation verfahren musst. Du kannst an Krisen wachsen und dir so zusätzliche Stärke aneignen, die dich im Leben noch weiterbringen kann.

Akzeptanz der eigenen Situation

Es bringt nichts, dir deinen Kopf zu zerbrechen und dich gegen die Realität zu wehren. Deine Situation ist so, wie sie ist, und du kannst die Vergangenheit nicht ändern, wohl aber die Zukunft. Damit du Krisen meistern kannst, musst du deine jetzigen Lebensumstände akzeptieren. Das bedeutet aber nicht, dass du deinem Schicksal völlig ausgeliefert bist. Wenn du verinnerlicht hast, in welchem Ist-Zustand du dich gerade befindest, fällt es dir leichter, nach einem Ausweg zu suchen, denn du siehst den Tatsachen ins Auge und versteckst dich nicht hinter deinem Wunschdenken.

Optimismus fördern

Eine positive Einstellung ist immer hilfreich, wenn du gerade eine schwierige Zeit durchmachst. Wenn du zuversichtlich in deine Zukunft blickst, dann wirst du deine Hoffnung nicht verlieren, sondern immer an das Gute im Leben glauben. Folglich kommst du auch besser mit Stress und Krisen klar. Diese Art des Denkens kann dich in jeglicher Hinsicht unterstützen, weil du mit vermehrtem Optimismus automatisch Positives anziehst. Auch, wenn du dich regelrecht dazu zwingen musst, wird es sich auszahlen, nicht am Pessimismus festzuhalten. Du kannst also nur gewinnen und vor allem lebt es sich einfach gelassener, wenn du nicht hinter jeder Niederlage einen Weltuntergang siehst. Im Gegenteil, du lernst sogar noch daraus und kannst allem etwas Positives abgewinnen.

Dankbarkeit fördern

Es ist fast zur Normalität geworden, dass wir Menschen nie wirklich zufrieden mit unserem Leben sind. Dabei würdest du wahrscheinlich viel glücklicher sein, wenn du öfter dankbar wärst für all die kleinen wundervollen Momente, die dir dein Leben beschert. Ich war lange Zeit in einem regelrechten Perfektionismus-Wahn, sodass ich den alltäglichen Geschenken in meinem Leben kaum noch Beachtung schenkte. Auch, wenn du jetzt denkst, dass es dir wirklich schlecht geht, es könnte alles noch viel schlimmer sein. Zum Glück ist dies nicht so und dafür solltest du besonders dankbar sein. Rufe dir deshalb regelmäßig deine Glücksmomente ins Bewusstsein und du wirst viel mehr Dankbarkeit verspüren.

Notfallplan zurechtlegen

Neigst du in Stresssituationen dazu, schnell aufzugeben und deine Pläne zu verwerfen, dann kannst du dir einen sogenannten Notfallplan zurechtlegen. Dieser beinhaltet ein Konzept, welches dich wieder aufbaut und dich an deine Ziele erinnert. Das können Meditationsübungen, motivierende Sprüche, ein Gespräch mit einer dir vertrauten Person, ein Dankbarkeitstagebuch oder einfach nur eine kleine Auszeit sein. Vielleicht hast du ja noch mehr Ideen, wie du Krisen besser verarbeitest und was dir genau dabei helfen kann.

Professionelle Hilfe

Irgendwann kann es sein, dass du mit einer Krise nicht mehr allein zurecht-kommst. Wenn es zu viel wird oder keine Besserung in Sicht scheint, ist es vielleicht sogar besser für dich, wenn du dir professionelle Hilfe suchst. Diese kann dir dabei helfen, einen Neuanfang zu wagen und deine Probleme zu bewältigen. Besonders, wenn es um deine Ziele geht, kann dich eine Therapie dabei gut unterstützen. Du erhältst zusätzliche Ratschläge, wie du effektive Maßnahmen ergreifen kannst, und hast auch einen Ansprechpartner vor Ort, der immer ein offenes Ohr für dich hat.

Bonus: Das 30-Tage-Selbstregulationsjournal

D u findest in diesem zusätzlichen Kapitel eine beispielhafte Anleitung, wie du deine Selbstregulation in nur 30 Tagen spürbar verbessern kannst. Dazu gibt es viele Übungen, motivierende Tipps und auch praktische Aufgaben, mit denen du dich selbst herausfordern kannst. Für das 30-Tage-Journal benötigst du ein Notizbuch, in welches du deine Erfahrungen und Fortschritte eintragen kannst. Du kannst dir natürlich auch einen Heftordner anlegen, dann hast du den Vorteil, dass du noch weitere Notizen wie die Analyse deines Verhaltens oder die tägliche Checkliste aus diesem Kapitel hinzufügen kannst.

Widme dich dann jeden Tag deinen Aufgaben und lasse dich nicht entmutigen, wenn diese noch nicht gelingen wollen. Verschiebe diese Aufgaben einfach auf einen späteren Zeitpunkt und versuche dann erneut, diese zu absolvieren. Am Ende jeder Aufgabe hast du die Möglichkeit, deinen Erfolg zu dokumentieren und eine Selbstreflexion anzufertigen. Im Grunde ist das Selbstregulationsjournal ein Tagebuch, welches hauptsächlich aus praktischen Aufgaben besteht, aber dir auch Freiraum für eigene Notizen gibt. Ich wünsche dir viel Erfolg und natürlich auch Spaß bei der Umsetzung und hoffe, dass dir meine Ideen weiterhelfen werden, deine Selbstregulation zu steigern.

DEIN SELBSTREGULATIONSJOURNAL FÜR EINEN MONAT

Du beschäftigst dich einen ganzen Monat damit, deiner Selbstregulation auf den Zahn zu fühlen und diese zu steigern. Ein Monat mag sich nicht viel anhören, kann aber erhebliche Auswirkungen auf dein Verhalten haben und dich zum intensiven Nachdenken anregen. Neue Gewohnheiten festigen sich ungefähr nach zwei Monaten, aber du kannst innerhalb eines Monats schon den Grundstein für diese Gewohnheiten legen, sodass du dein Verhalten Schritt für Schritt anzupassen lernst. Dazu musst du aber auch konstant an dir arbeiten und darfst dich nicht von äußeren Einflüssen entmutigen lassen. Schaue dir deshalb jeden Morgen deine aktuelle Aufgabe an und versuche, diese bestmöglich auszuführen.

Tag 1 – Bestandsaufnahme

Der erste Tag widmet sich ganz deiner eigenen Gefühlswelt. Dein Ziel für heute ist es, dich nur auf deine Gefühle zu konzentrieren, und das in jeder Situation des Tages. Es wird dich extrem herausfordern, einen ganzen Tag lang deine Emotionen im Blick zu behalten. Halte bei jedem Gefühl inne und nimm dieses so an, wie es sich gerade zeigt. Oft ist es so, dass du deinen Gefühlen nicht immer Aufmerksamkeit schenkst, wohl aber daraus eine unmittelbare Reaktion entsteht. Wenn du traurig bist, weinst du, aber fragst dich nicht, weshalb du traurig bist oder wie stark deine Emotionen sich anfühlen. Du brauchst auch noch gar keine Ursachen herauszufinden, achte nur darauf, deine Emotionen in ihrer Gesamtheit zu betrachten. Mit dieser Übung trainierst du deine Wahrnehmung, indem du jede noch so kleine Gefühlsregung beachtest – vielleicht magst du sie auch kategorisieren. Notiere dir am Ende des Tages, welche Besonderheiten dir aufgefallen sind und wie du mit der Übung zurechtgekommen bist.

Tag 2 – Inneres Gleichgewicht finden

Nimm dir heute keine stressigen Erledigungen vor, soweit dies möglich ist. Wenn du arbeiten musst, versuche, einen Gang zurückzuschalten, und nutze Atemübungen, sobald du dich gestresst fühlst. Zu Hause angekommen, ist es deine Aufgabe, abzuschalten und dich sorgsam um deinen Körper zu kümmern. Verwöhne dich mit einem heißen Bad, lege Entspannungsmusik auf oder lasse die Seele baumeln, während du dich ins Bett kuschelst und ein spannendes Buch liest. Koste jeden Moment intensiv aus und konzentriere dich ausschließlich auf deine Bedürfnisse. Die Herausforderung für dich wird sein, Anspannungen zu vermeiden und keine negativen Einflüsse an dich heranzulassen. Ziehe abends ein Fazit und notiere dir, welche Aktivitäten dir besonders viel Entspannung verschaffen konnten.

Tag 3 – Soziale Kompetenzen

Nun setzen wir den Schwierigkeitsgrad etwas höher, denn du bist heute dafür verantwortlich, bestehende Konflikte zu lösen. Diesen Konflikten solltest du aber möglichst sachlich begegnen und du solltest lernen, deine Emotionen zu kontrollieren. Es gibt schließlich immer kleine Meinungsverschiedenheiten, die man aus der Welt schaffen möchte. Deshalb nimmst du dir heute vor, ein klärendes Gespräch zu führen und dabei deinen Gesprächspartner respektvoll zu behandeln. Du musst aber nicht gleich das größte Problem aus der Welt schaffen. Für den Anfang reicht es, wenn du über eine Kleinigkeit sprichst, welche dich schon länger beschäftigt. Beispielsweise kannst du mit deinem Partner über Differenzen sprechen, die manchmal auftreten, welche du aber in der Beziehung ändern möchtest. Das kann die Unordnung in euren eigenen vier Wänden sein, zu wenig Zeit für den Partner oder auch die Erziehung der Kinder. Hast du derzeit keinen Partner, kannst du das Gespräch natürlich auch mit einem Familienmitglied oder einem guten Freund führen. Achte dabei aber unbedingt auf gewisse Grundregeln, damit dein Gespräch positiv verläuft und ihr zu einem guten Ergebnis kommt:

- Aktives Zuhören

- Verständnis zeigen

- Gefühle benennen

- Kompromisse eingehen

- Fehler eingestehen

- Respektvolles Miteinander

- Eine gemeinsame Lösung finden

Wenn du diese sieben Punkte in einem Gespräch beachtest, kann eigentlich kaum etwas schiefgehen. Sorge auch für eine ruhige Atmosphäre und plane genügend Zeit für dein Gegenüber ein. Später kannst du dir wieder Notizen machen und den Verlauf des Gespräches dokumentieren: Wie ist das Gespräch verlaufen? Welche Verbesserungsvorschläge hast du für dein eigenes Verhalten?

Tag 4 – Meditation

Suche dir eine für dich interessante Meditationsübung heraus und praktiziere diese noch heute. Selbst wenn du dich noch nicht so lange konzentrieren kannst, wird dir die Meditation zu mehr Ruhe verhelfen. Notiere dir all deine Eindrücke und Emotionen, die während der Meditation aufgetreten sind. Wenn du magst, kannst du dir auch einen persönlichen Terminplan erstellen, wann du deine Meditationen in deinen Alltag integrieren möchtest.

Tag 5 – Autogenes Training

Hast du schon einmal von autogenem Training gehört? Diese Art Training kann dir helfen, Stress und innere Anspannung zu reduzieren. Dazu kannst du eine „Schwereübung" ausführen, wenn du dich gerade besonders unruhig fühlst. Die Übung sollte nur ungefähr fünf Minuten andauern, deshalb stellst du dir dafür besser einen Timer. Du kannst sie aber auch prima vor dem Schlafengehen anwenden, denn dann kannst du einfach liegen bleiben und findest besser in den Schlaf.

- Lege dich dafür hin und schließe deine Augen.

- Bewege deine Gliedmaßen nicht mehr und stelle dir vor, wie dein Körper langsam in deine Unterlage oder das Bett einsinkt. Du stellst dir bei jedem Körperteil vor, wie dieser immer schwerer wird, bis dein Körper zum Schluss einem Stein gleicht.

- Wenn du merkst, dass sich dein Körper merklich entspannt hat, atme tief ein und aus und beende die Übung.

Tag 6 – Belohnungsaufschub

Wenn du am Tag ein ganz bestimmtes Ziel verfolgst und dieses erreicht hast, dann belohne dich nicht sofort dafür, sondern warte noch ein bisschen ab. Verschiebe die Belohnung, wie beispielsweise eine kleine Süßigkeit, auf einen späteren Zeitpunkt, vielleicht sogar noch auf den anderen Tag. Du wirst sehen, dass du geduldiger sein kannst und sich deine Belohnung noch viel besser anfühlt, als wenn du diese sofort bekommen hättest. Diese Übung wird auch mit Kindern zur Förderung der Selbstregulation durchgeführt, damit diese lernen, ihre Impulse zu kontrollieren. Schreibe dir auf, welche Gefühle du in dieser Situation des Verzichts wahrgenommen hast. Wie waren deine Gefühle, als du dich dann endlich belohnt hast?

Tag 7 – Atemübung

Diese Atemübung kannst du immer dann anwenden, wenn du innere Anspannung verspürst. Sie ist der Feueratmung sehr ähnlich, besteht aber aus mehreren Atemzügen. Versuche, diese Übung den gesamten Tag über zu praktizieren, um dich zwischendurch zu erden.

- Halte dafür kurz inne und nimm deine Atmung bewusst wahr.
- Jetzt atmest du so tief ein, wie du kannst.
- Danach folgen mehrere kraftvolle Stöße, wenn du wieder ausatmest.
- Wiederhole die Atemübung so oft, wie es sich für dich gut anfühlt.

Notiere dir später, wie du mit der Atemübung klargekommen bist und was sie in dir bewirkt hat.

Tag 8 – Dankbarkeit

Schnappe dir einen Zettel und einen Stift. Du darfst jetzt ein Brainstorming durchführen und alles aufschreiben, wofür du in deinem Leben dankbar bist. Bedenke auch Kleinigkeiten, wie beispielsweise ein leckeres Essen, schöne Momente allein, deine Lieblings-CD, ein Lächeln oder was auch immer dir dazu einfällt. Es müssen nicht nur materielle Dinge auf deiner Liste stehen, so kannst du auch dankbar für deine Gesundheit sein, deine Eltern, deine Sinne oder die Sonne am Himmel. Du lernst bei dieser Übung, die Schönheit deiner Umgebung zu lieben und wertzuschätzen. Noch dazu wirst du aufhören wollen, dir immer mehr zu wünschen, sondern realisierst, welches große Glück du eigentlich hast. Du kannst dir deine Aufzeichnungen auch als kleine Gedankenstütze an den Kühlschrank hängen, damit du in zweifelhaften Situationen an dein Glück erinnert wirst.

Tag 9 – Wut und Ärger kanalisieren

Heute darfst du es mal so richtig krachen lassen und deinen Ärger befreien. Allerdings darfst du nur Dinge tun, die deiner Umwelt in keinster Weise Schaden zufügen. Wenn du deine Wut und deinen Frust herauslassen möchtest, dann greife auf effektive Maßnahmen zurück. Diese dürfen auch destruktiv sein, solange du niemanden dabei verletzt. Gehe zum Beispiel tief in einen Wald hinein und schreie deine Sorgen einfach hinaus. Du kannst auch in ein großes Kissen schlagen oder dir Knete besorgen, die du mit vollem Körpereinsatz bearbeiten darfst. Ein Boxsack kann ebenfalls eine gute Investition sein, um Anspannungen aus deinem Körper herauszulassen. Vielleicht magst du dir auch ein Wutbuch anlegen, in welches du wüste Zeichnungen hineinkritzelst, die du anschließend zerreißt. Mir persönlich hilft es immer, wenn ich laute Musik höre und dabei so wild wie möglich herumtanze, sodass ich am Ende keine Luft mehr bekomme. Danach fühle ich mich befreiter und verspüre gar keinen Groll mehr. Probiere aus, welche Methode bei dir funktioniert, und schreibe dir hinterher auf, wie du dich danach gefühlt hast.

Tag 10 – Selbstreflexion

Suche dir einen Ort, an dem du dich gerne aufhältst und an dem du keinen störenden Reizen ausgesetzt bist. Das kann dein Schlafzimmer sein oder aber auch ein ruhiger Park. Naturgeräusche sind dabei kein Problem und haben noch eine meditative Wirkung. Vielleicht hast du aber auch einen Garten und kannst dich dort während der Übung aufhalten. Setze dich ganz ruhig hin und lasse deinen Blick schweifen. Dann rufe dir das letzte Ereignis in den Sinn, bei dem du völlig außer Kontrolle geraten bist. Gehe in Gedanken deine Handlungen durch, ohne diese zu bewerten. Blicke ganz sachlich auf die Situation:

Wie kam es zu deinem Verhalten und welche Kettenreaktionen hat dieses ausgelöst? Welches Verhalten hättest du vermeiden können, damit die Reaktion deines Gegenübers positiver verlaufen wäre? Was war nicht in Ordnung an deinem Verhalten? Was möchtest du in Zukunft besser machen? Notiere dir deine Gedanken dazu und lies sie dir zum Schluss noch einmal durch.

Tag 11 – Tag der Ruhe

Überlege schon beim Aufstehen, wie du deinen Tag mit völliger Ruhe gestalten kannst. Vermeide hektische Bewegungen, führe jede dieser Bewegungen ganz sorgsam aus und lasse dich dabei absolut nicht aus der Ruhe bringen. Wenn du dich mit jemandem unterhältst, vermeide es, zu viel zu sprechen, und gib nur die notwendigsten Informationen von dir preis. Gehe nicht auf Provokationen, negative Einflüsse oder anderweitige Stressfaktoren ein. Denke nach, bevor du reagierst, und lasse dich nicht von deinen Emotionen hinreißen. Ist es dann doch einmal passiert, denke nicht zu viel darüber nach, sondern nutze eine kleine Atemübung, um dich wieder zu regulieren.

Abends kannst du dann den Verlauf des Tages noch einmal Revue passieren lassen: Wie hat deine innere Ruhe dazu beigetragen, deinen Tag zu beeinflussen? Hat sich dein Verhalten auch auf deine Mitmenschen ausgewirkt? Wie fühlst du dich nach einem bewusst ruhig geführten Tag?

Tag 12 – Achtsamkeit

Beginne deinen Tag nicht so üblich wie sonst, sondern verändere deine Routine, indem du mehr Achtsamkeit praktizierst. Du springst immer sofort aus dem Bett hoch, wenn der Wecker klingelt? Dann bleibe kurz für einen Moment liegen und nimm wahr, wie sich dein Körper im warmen Bett anfühlt. Recke und strecke dich genüsslich und stehe dann erst auf. Öffne ein Fenster, anstatt direkt ins Bad zu eilen, und atme tief die frische Luft ein. Beim Frühstück schlingst du nicht dein Essen herunter, sondern nimmst es mit allen Sinnen wahr. Verliere dich kurz in den Duft deines Kaffees und erlebe dein Frühstück neu, indem du langsam und sorgfältig kaust. Auf dem Weg zur Arbeit schlägst du eine neue Route ein und vielleicht bekommst du ganz neue Eindrücke von deiner Umgebung präsentiert. Versuche, einen ganzen Tag auf Details zu achten, und du wirst lernen, die Welt mit anderen Augen zu sehen. Trage dann deine Erfahrungen in dein Journal ein: Was hast du erlebt und worüber warst du sogar erstaunt?

Tag 13 – Meditation

Meditationen können ihre heilende Wirkung in der Natur noch besser entfalten. Suche dir daher ein gemütliches Plätzchen aus, an dem du eine Meditation deiner Wahl durchführen kannst. Lausche den Klängen der Natur und lasse diese in die Meditation einfließen, sodass du dich mit deinem Umfeld verbundener fühlst. Du wirst erholter und entspannter sein.

Tag 14 – Energie schöpfen

Es gibt viele Möglichkeiten, Energie zu tanken und dein Wohlbefinden zu stärken. Für deine Selbstregulation ist es äußerst wichtig, dass es deinem Körper und auch deinem Geist gut geht. Fokussiere dich heute auf Aktivitäten, die dir Energie schenken und dich stärken. Vielleicht möchtest du Sport treiben oder dir eine Wellnessmassage gönnen? Nutze diesen Tag für dein persönliches Wohlfühlprogramm und blende alle Verpflichtungen und Sorgen aus.

Tag 15 – Bewegung

Konzentriere dich darauf, heute so viel Bewegung wie möglich in deinen Tag zu integrieren. Nimm dir morgens vor, ein paar Gymnastikübungen zu machen, steige auf das Fahrrad, anstatt mit dem Auto zu fahren, und nutze Treppen statt eines Aufzugs. Nach der Arbeit gehst du noch eine Runde spazieren oder joggen, damit Stress absolut keine Chance bei dir hat. Hauptsache, du bringst deinen Körper mal wieder so richtig auf Touren. Ziehe dann abends ein Fazit und schaue, wie sich körperliche Betätigung auf deinen Körper und dein Wohlbefinden ausgewirkt hat.

Tag 16 – Soziales Miteinander

Kümmere dich um deine sozialen Kontakte und schenke deinen Mitmenschen die Wertschätzung, die sie verdienen. Bedanke dich beispielsweise bei einem Freund, der dir immer zur Seite steht, und entschuldige dich auch für deine Fehler in der Vergangenheit. Es ist für deine Selbstregulation wichtig, dich mit deinem Umfeld zu versöhnen und dieses in deinen Heilungsprozess miteinzubeziehen. Die Menschen in deinem Umfeld können dich dabei unterstützen und du solltest ihnen heute zeigen, wie froh du über ihre Anwesenheit bist.

Tag 17 – Motivation fördern

Wenn du alte Zeitschriften oder Fotos besitzt, dann kannst du diese für die folgende Übung gut nutzen. Erstelle dir eine Collage nach deinen Vorstellungen und finde Abbildungen, die dich motivieren. Das kann zum Beispiel das Bild einer Frau sein, die Yoga praktiziert, oder eine Person, die dich zu mehr Optimismus inspiriert. Du kannst auch motivierende Sprüche oder Zitate verwenden.

Natürlich ist deiner Fantasie hier keine Grenze gesetzt und du darfst die Collage völlig frei nach deinen Vorstellungen gestalten. Sie muss einzig und allein in dir ein gutes Gefühl auslösen. Diese Collage hängst du gut sichtbar auf und nutzt sie für die Visualisierungen deiner Ziele. Immer, wenn du an dir selbst zweifelst, blickst du auf deine Collage und lässt dich motivieren.

Tag 18 – Glücksmomente

Stimme dich heute mit deinem Lieblingslied ein und tanze dabei hemmungslos durch deine vier Wände. Du darfst richtig übertreiben und auch lautstark mitsingen. Das setzt Glückshormone frei, die dir eine gute Laune verschaffen. Zusätzlich, um deine Stimmung zu heben, wirst du alte Fotos heraussuchen, die ein positives Gefühl in dir auslösen. Lege alle Fotos nebeneinander und studiere sie genauer. Du darfst heute deine Gedanken schweifen lassen und in alten Erinnerungen schwelgen. Alternativ kannst du diese auch aufschreiben und dir dazu folgende Fragen stellen: Welche Momente in deinem Leben haben dich so richtig glücklich gemacht? Was würdest du gerne noch einmal erleben? Schreibe deine fünf größten Glücksmomente auf und nutze deine Aufzeichnungen, wenn du mal einen schlechten Tag hast.

Tag 19 – Wahrnehmung des Körpers

Bei der heutigen Übung wirst du lernen, deine Wahrnehmung zu trainieren und auf deinen Körper zu hören. Setze dich auf einen bequemen Stuhl oder Sessel und schließe deine Augen. Fokussiere dich auf deine Atmung und spüre, wie sich dein Brustkorb hebt und senkt. Lasse deine Arme locker herunterhängen und stelle die Füße sanft auf den Boden. Wenn du jetzt in dich gehst, nimmst du ein ganz bestimmtes Gefühl wahr: Fühlt es sich gut an oder eher bedrückend? Was verspürst du, wenn du dich langsam auf einen Bereich deines Körpers, wie etwa deinen Kopf, konzentrierst? Fühlt er sich frei und leicht an oder empfängst du noch ein anderes Gefühl? Gehe alle Bereiche deines Körpers systematisch durch und du wirst ein ganz neues Körpergefühl bekommen. Notiere dir später wieder deine Eindrücke und denke nach, woher diese Gefühle stammen könnten.

Tag 20 – Optimismus trainieren

Lerne, aus schwierigen Situationen einen Mehrwert zu ziehen, und lasse dich heute nicht herunterziehen. Setze alles daran, deine gute Laune aufrechtzuerhalten, und sprich dir dafür aufmunternde Worte vor. Du kannst diese auch aufnehmen und sie während des Tages immer wieder abspielen. Nach jedem Regen scheint wieder die Sonne und genauso solltest du denken. Klar kann es ganz schön anstrengend sein, Optimismus aufrechtzuerhalten, aber viel kräftezehren-der ist eine pessimistische Einstellung, weil sie dir unmittelbar deine Kraft raubt. Lege daher bei jedem negativen Gedanken eine kurze Denkpause ein und wechsle deine Perspektive.

Tag 21 – Kreativität

Löse dich von allen Zwängen und erschaffe heute dein persönliches Meister-werk. Nimm dir eine Leinwand und ein paar Farben zur Hand. Male einfach drauflos und denke nicht darüber nach, zu welchem Ergebnis du kommen wirst. Wenn du dein Kunstwerk in der Hand hältst, schreibe dir auf, wie du dich wäh-rend des Malprozesses gefühlt hast und welche Gedanken dir dabei durch den Kopf gingen. Du kannst dein Bild auch deuten und versuchen, es auf deine jet-zige Situation zu beziehen.

Tag 22 – Progressive Muskelentspannung

Entspannungstechniken sind für deinen Körper ein perfektes Mittel, um gezielt Aggressionen und Stress abzuleiten. Mit der progressiven Muskelentspannung lernst du, dich zu entspannen, und du kannst diese Methode sogar unterwegs anwenden. Dazu lenkst du deine Konzentration auf deine Atmung und spannst für einige Sekunden einen beliebigen Körperteil an. Danach lockerst du die An-spannung wieder und wirst sofort einen spürbaren Unterschied zum vorherigen Zustand feststellen können. Sofortige Entspannung macht sich breit und du kannst diese Technik nacheinander an deinem ganzen Körper anwenden.

Unterwegs reicht es schon, wenn du beispielsweise nur deine Beine oder deine Hände anspannst, damit du Stress abbauen kannst. Dies ist auch hilfreich, wenn du kurz davor bist, die Beherrschung zu verlieren, weil du deine Energie dann in deine Muskeln leitest, anstatt sie auf dein Umfeld zu übertragen.

Tag 23 – Verhalten ändern

Gibt es bestimmte Laster oder Angewohnheiten, die du gern ändern möchtest? Dann hast du heute die Möglichkeit, diesen den Kampf anzusagen. Konzentriere dich für den Anfang allerdings nur auf eine belastende Angewohnheit, denn wenn du zu viel von dir verlangst, fühlst du dich schnell überfordert. Vegetarier zu werden und gleichzeitig mit dem Rauchen aufzuhören, ist eher unrealistisch, deshalb setze dir erreichbare Ziele. Nimm dir heute vor, dass du ein ganz be-stimmtes Verhalten veränderst. Dazu überlegst du dir, mit welchen Strategien du dieses Verhalten ersetzen oder vermeiden kannst. Zum Beispiel: Du möchtest weniger impulsiv reagieren und überlegst dir dazu eine passende Visualisierung, die dir dabei hilft, deinen Ärger nicht unkontrolliert nach draußen zu lassen – oder du greifst auf eine Atemtechnik zurück, die deine Impulse wirksam kontrolliert. Schreibe dir dein Vorhaben unbedingt auf und nimm den Zettel als kleine Erinnerung mit auf die Arbeit, zum Einkaufen oder zur Familienfeier. Wenn du merkst, wie du innerlich zu kochen beginnst, greifst du auf deinen Zettel zurück und führst präventiv eine deiner Übungen aus.

Tag 24 – Eigene Strategie entwickeln

Ähnlich wie bei der vorherigen Übung erarbeitest du heute eine Strategie, die du verfolgen möchtest, um deine Selbstregulation in Zukunft zu fördern. Schreibe alle Übungen und Tipps auf, die dir dazu einfallen und die dir in der Vergangenheit sehr gut geholfen haben: Welche wendest du regelmäßig an und welche Übungen möchtest du noch auf ihre Wirksamkeit testen? Wie kannst du deinen persönlichen Plan für die Zukunft genau umsetzen? Gibt es Übungen oder Tipps, die bei dir absolut nicht funktioniert haben? Entferne sie aus deinem Plan und ersetze sie durch neue.

Tag 25 – Frustration erkennen

Beobachte dich einmal selbst genauer. In welchen Situationen verspürst du eine starke Anspannung in dir? Wirst du verrückt, wenn du ein spezielles Geräusch hörst, oder macht dich das Warten im Supermarkt an der Kasse nervös? Achte heute auf deine Körpersignale und finde deine persönlichen Trigger heraus. Wenn du weißt, was dich reizt, kannst du geeignete Maßnahmen ergreifen, damit diese besagten Trigger nicht mehr an dich herankommen. Konntest du diese erfolgreich identifizieren, dann überlege genau, welche Techniken dir helfen können. Vielleicht findest du sogar noch eine individuelle Möglichkeit, mit diesen Triggerpunkten umzugehen. Schreibe dir deine Erfahrungen auf, damit du immer auf deine Notizen zurückgreifen kannst.

Tag 26 – Visualisierung

Für eine gut funktionierende Selbstregulation benötigst du viel Konzentration. Diese trainierst du heute, indem du dir einen Gegenstand nimmst und ihn vor dir auf einem Tisch platzierst. Du hast ganze zwei Minuten Zeit, dir den Gegenstand in seiner Gesamtheit einzuprägen, dafür solltest du ihn auch hin- und herbewegen, damit du ein räumliches Bild von ihm bekommst. Schließe danach die Augen und bilde den Gegenstand in deinen Gedanken so detailliert wie möglich ab. Dann öffne nach einer Weile wieder deine Augen und vergleiche dein inneres Bild mit der Realität. Will es dir beim ersten Versuch nicht gelingen, eine genaue Visualisierung des Gegenstandes durchzuführen, wiederholst du die Übung einfach noch einmal. Je öfter du es versuchst, desto leichter wird es dir fallen. Wage dich dann an schwierigere Visualisierungen heran, wie Gesichter, Gefühle oder Situationen. Mache dir zu deinen Eindrücken Notizen.

Tag 27 – Selbstakzeptanz

Ich möchte, dass du dir heute darüber Gedanken machst, wer du überhaupt bist und wer du sein willst. Das klingt zunächst einfach, wird aber für dich eine intensive Erfahrung werden. Du lernst durch diese Übung, dich selbst zu akzeptieren und dich nicht für andere zu verbiegen. Der Mensch hat immer mehrere Gesichter, von denen er nur einige zu zeigen bereit ist. Es kommt nur darauf an, welche Person er gerade vor sich hat. Nun musst du aber ehrlich zu dir selbst sein und herausfinden, wie deine wahre Persönlichkeit aussieht. Dazu brauchst du wieder einen Stift, ein Blatt Papier und ganz viel Ruhe. Beantworte die folgenden Fragen:

• Wer bin ich jetzt?

• Was macht mich aus?

• Wer wollte ich als Kind sein?

• Warum bin ich von meinem Weg abgekommen?

• Welche Fehler habe ich in meinem Leben gemacht?

• Welche verborgenen Wünsche und Sehnsüchte schlummern in mir?

• Welche Eigenschaften liebe ich an mir?

• Welche Eigenschaften kann ich an mir nicht ausstehen?

• Welche Gefühle erlebe ich, während ich mir diese Notizen mache?

• Welche Person will ich in Zukunft sein?

Tag 28 – Fortschritte würdigen

An diesem Tag holst du dir von deinem Umfeld Feedback zu deinem Verhalten und zu deinen Erfolgen ein. Befrage Freunde und Verwandte, wo sie bei dir eine Weiterentwicklung feststellen konnten und woran du eventuell noch arbeiten musst. Frage auch nach, welche Erfolge sie bei dir sehen und was du ihrer Meinung nach schon alles geschafft hast. Notiere dir jede einzelne Meinung und lies sie dir am Ende des Tages in aller Ruhe durch. Du wirst erstaunt sein, welche Antworten du bekommen wirst, denn oft geht man mit sich viel zu hart ins Gericht, anstatt die eigenen Fortschritte zu sehen. Stelle dich dann vor den Spiegel und spreche ein ehrliches Lob an dich aus. Wie fühlst du dich jetzt?

Tag 29 – Sich selbst verzeihen

Begib dich mithilfe einer Meditation deiner Wahl in einen entspannten Trancezustand, sodass du Zugang zu deinem Unterbewusstsein bekommst. Lasse dabei alle Bilder, in Gedanken, zu. Jeder Gedanke darf dabei bestehen und wird in keinster Weise verurteilt. Wenn du genug Gedanken visualisiert hast, dann sprich zu deinem Unterbewusstsein und wiederhole mehrmals folgende Affirmation: „Ich bin nicht perfekt und das ist auch gut so. Ich verzeihe mir selbst!" Du kannst dir auch eigene Affirmationen ausdenken, die sich darauf beziehen, dass du dir keine Vorwürfe mehr machen wirst. Notiere dir auch am Ende des Tages, welche Fehler du dir vergeben willst und warum.

Tag 30 – Ziele setzen

Du konntest in den letzten Tagen Erfolge und auch Niederlagen verzeichnen. Bestimmt hast du viel gelernt und möchtest manche Ideen und Übungen beibehalten? Wenn du das tust, dann vergiss nicht, dir weiterhin Ziele zu setzen und auch über deren Umsetzung nachzudenken: Was kannst du tun, um weiterhin deine Selbstregulation zu fördern? Wo hast du Schwierigkeiten bei der Durchführung erkannt und wie kannst du diesen in Zukunft vorbeugen? Wo möchtest du in einem Jahr stehen? Was bist du bereit, dafür zu tun?

DEINE TÄGLICHE CHECKLISTE

Neben dem Selbstregulationsjournal, welches dir schon viele Anregungen und Übungen liefert, solltest du dir auch täglich ein paar Fragen beantworten, um deinen Fortschritt zu dokumentieren und belastende Gedanken aus deinem Kopf herauszuschreiben. Es ist befreiend, wenn du dir täglich zehn Minuten Zeit nimmst und dich ganz auf dich selbst konzentrierst. Beantworte die Fragen wahrheitsgetreu und verschweige dabei keine negativen Erfahrungen, denn gerade aus diesen lernst du am meisten und kannst Rückschlüsse aus deinem Verhalten ziehen. Schließlich machst du die ganze Arbeit für dich und für niemand anderen sonst. Nur halbherzig an das Thema Selbstregulation heranzugehen, kann kaum etwas bewirken. Du brauchst schon eine ehrliche und sinngemäße Einschätzung deiner Person, damit du lernst, dich zu verändern. Lege dir dafür einfach ein kleines Notizbuch zu oder integriere die Fragen und Antworten mit in die Notizen deines Journals.

Wie habe ich mich heute gefühlt?

Was hat meine Stimmung heute zum Positiven oder Negativen beeinflusst?

Welche Situation tat mir heute gut?

Was gefiel mir heute weniger gut?

Welche Gedanken haben mich beschäftigt?

Welches Verhalten von mir fand ich gut und welches hat mir weniger gefallen?

Welchen Herausforderungen stand ich heute gegenüber?

Welche Problematiken haben sich über den Tag verteilt ergeben?

Würde ich den Tag noch einmal genauso erleben wollen? Wenn nein, was würde ich daran ändern wollen?

Wie sehen meine Wünsche und Erwartungen für den nächsten Tag aus?

Konnte ich meine Wünsche und Erwartungen am Ende des Tages erfüllen?

Welche Verbesserungsvorschläge kann ich zu meiner Person, meinem Verhalten oder auch zu meinen Gedanken hervorbringen?

Nachwort

Ich möchte mich abschließend bei dir für den Kauf dieses Buches und für deine Aufmerksamkeit bedanken. Ich hoffe, ich konnte dir viele Anregungen und hilfreiche Ratschläge geben, die dein Leben nachhaltig verbessern werden. Selbstregulation wurde nicht jedem Menschen in die Wiege gelegt, sondern muss sorgfältig erlernt werden. Sind die Begebenheiten dafür nicht vorhanden, müssen die Defizite vom Betroffenen selbst beseitigt werden. Dafür ist viel Selbstdisziplin, Geduld und auch Willenskraft nötig, damit sich erste Erfolge einstellen können. Zudem braucht man nicht nur ein Ziel, sondern auch viele Ideen, wie man sich diesem Ziel nähern möchte.

Du wirst einen langen Prozess durchlaufen müssen, aber ich hoffe, dass sich dein Weg mithilfe der vielen Übungen und Strategien in diesem Buch erheblich verkürzen wird. Verliere bloß nicht den Mut, wenn du zwischendurch einmal Schwierigkeiten haben solltest, denn das gehört zu jeder Weiterentwicklung dazu. Schließlich lernt ein Mensch sein ganzes Leben lang und es ist doch immer wieder spannend, zu sehen, wohin die Reise führt. Wichtig ist es, seine Zuversicht nicht zu verlieren und jeder Erfahrung positive Aspekte abzugewinnen, auch wenn sie noch so düster erscheint. Du kannst alles erreichen, wenn du optimistisch bleibst und bereit bist, neue Erfahrungen zu sammeln.

Ich wünsche dir für deinen weiteren Lebensweg viel Erfolg und ganz viel Kraft. Auf dass du all deine Träume und Wünsche realisieren magst und ebenso, dass du die notwendige Unterstützung von deinen Lieben bekommst und mit deinen neuen Erkenntnissen über dich die Welt erobern kannst.